U0504160

10 **REDUCED
INEQUALITIES**

Reduce inequality within
and among countries

减少国家内部和国家之间的不平等

主　　编：蔡　昉
副主编：潘家华　谢寿光
执行主编：陈　迎

减少不平等
与可持续发展

INEQUALITY REDUCTION
AND SUSTAINABLE
DEVELOPMENT WITHIN AND
AMONG COUNTRIES

顾佳峰　著

社会科学文献出版社
SOCIAL SCIENCES ACADEMIC PRESS (CHINA)

"2030年可持续发展议程研究书系"
编　委　会

专家委员会

主　　　任：蔡　昉　解振华

委　　　员（按姓氏笔画排序）：

王玉庆　　王国刚　　田雪原　　朱　玲

刘燕华　　杜祥琬　　李　林　　汪同三

金　碚　　张车伟　　张宇燕　　张晓山

陈光金　　陈泽宪　　赵白鸽　　秦大河

高培勇　　黄群慧　　魏后凯

主　　　编：蔡　昉

副　主　编：潘家华　谢寿光

执 行 主 编：陈　迎

编委会成员（按姓氏笔画排序）：

于法稳　　王小林　　王　谋　　尹　慧

孙若梅　　李英桃　　李　际　　李春玲

何晶晶　　张建平　　顾佳峰　　郜亮亮

徐奇渊　　高文书　　郭朝先

总　序

　　可持续发展的思想是人类社会发展的产物，它体现着对人类自身进步与自然环境关系的反思。这种反思反映了人类对自身以前走过的发展道路的怀疑和扬弃，也反映了人类对今后选择的发展道路和发展目标的憧憬和向往。

　　2015 年 9 月 26～28 日在美国纽约召开的联合国可持续发展峰会，正式通过了《改变我们的世界：2030 年可持续发展议程》，该议程包含一套涉及 17 个领域 169 个具体问题的可持续发展目标（SDGs），用于替代 2000 年通过的千年发展目标（MDGs），是指导未来 15 年全球可持续发展的纲领性文件。习近平主席出席了峰会，全面论述了构建以合作共赢为核心的新型国际关系，打造人类命运共同体的新理念，倡议国际社会加强合作，共同落实 2015 年后发展议程，同时也代表中国郑重承诺以落实 2015 年后发展议程为己任，团结协作，推动全球发展事业不断向前。

　　2016 年是实施该议程的开局之年，联合国及各国政府都积极行动起来，促进可持续发展目标的落实。2016 年 7 月召开的可持续发展高级别政治论坛（HLPF）通过部长声明，重申论坛要发挥在强化、整合、落实和审评可持续发展目标中的重要作用。中国是 22 个就落实 2030 年可持续发展议程情况进行国别自愿陈述的国家之一。当前，中国经济正处于重要转型期，要以创新、协调、绿色、开放、共享五大发展理念为指导，牢固树立"绿水青山就是金山银山"和"改善生态环境就是发展生产力"的发展观念，统筹推进经济建设、政治建设、文化建设、社会建设和生态文明建设，加快落实可持续发展议程。同时，还要继续大力推进"一带一路"建设，不断深化南南合作，为其他发展中国家落实可持续发展议程提供力所能及的帮助。作为 2016 年二十国集团（G20）主席国，中国将落实 2030 年可持续发展议程作为今年 G20 峰会的重要议题，积极推动 G20 将发展问题置于全球宏观政策协调框架的突出位置。

围绕落实可持续发展目标，客观评估中国已经取得的成绩和未来需要做出的努力，将可持续发展目标纳入国家和地方社会经济发展规划，是当前亟待研究的重大理论和实践问题。中国社会科学院一定要发挥好思想库、智囊团的作用，努力担负起历史赋予的光荣使命。为此，中国社会科学院高度重视 2030 年可持续发展议程的相关课题研究，组织专门力量，邀请院内外知名专家学者共同参与撰写"2030 年可持续发展议程研究书系"（共 18 册）。该研究书系遵照习近平主席"立足中国、借鉴国外，挖掘历史、把握当代，关怀人类、面向未来"，加快构建中国特色哲学社会科学的总思路和总要求，力求秉持全球视野与中国经验并重原则，以中国视角，审视全球可持续发展的进程、格局和走向，分析总结中国可持续发展的绩效、经验和面临的挑战，为进一步推进中国乃至全球可持续发展建言献策。

我期待该书系的出版为促进全球和中国可持续发展事业发挥积极的作用。

王伟光

2016 年 8 月 12 日

摘　要

　　减少不平等是《改变我们的世界：2030 年可持续发展议程》中 17 项可持续发展目标之一。社会不平等是一个国际性的问题，世界各国都面临着不平等的挑战，而且国际不平等也有加剧的迹象。在这种情况下，要实现全球可持续发展，就需要国际社会和世界各国一起，共同努力，不仅要减少世界各个国家内部的不平等，而且还需要通过各种国际合作机制减少国家之间的不平等。但是，由于导致不平等的原因非常复杂，世界各国在减少不平等上，尽管投入了大量的精力，但是成效不是很显著，社会不平等依然是个很严峻的问题。在这种背景下，要实现全球可持续发展框架下的减少不平等目标，就需要广泛总结世界各国在减少不平等上的优秀经验，并对其加以梳理和提炼，为其他国家提供参考和借鉴。中国作为世界上最大的发展中国家，面临着转型和发展的双重任务，对于在发展的过程中努力减少社会不平等、避免出现贫富两极分化，已经积累了宝贵的经验，可以与国际社会和世界各国分享，为全球可持续发展做出贡献。

　　从整体而言，本书分为三部分。第一部分为第一章，阐述当前全球可持续发展所面临的不平等的挑战，这些不平等包括经济不平等、地区不平等和机会不均等。第二部分包括第二章、第三章和第四章，集中阐述了中国减少不平等以及推进可持续发展的实践及经验总结。与以往的研究有所不同的是，这部分研究从微观家庭的角度进行分析，依据的是中国家庭追踪调查（China Family Panel Studies，简称 CFPS）所采集的数据。第二章分析了中国家庭收入与支出的情况以及政府在减少家庭经济不平等方面的政策与实践，认为家庭可持续发展是社会可持续发展的重要基础。第三章分析了中国家庭机会均等化的情况和中国政府在教育、就业、医疗、社会保障等方面为提高机会均等化水平所做的努力。第四章分析了中国家庭可持续性金融的情况，阐述了中国通过建设普惠金融体系让更多中低收入家庭能够平等参与和分享普惠金融的益处，并使普惠金融与减少不平等和社会可持续发展有机地结合了起来。第三部分为第五章，阐述了在当前国际环境下世界各国应如何应用中国经验减少不平等，为实现全球可持续发展提供重要支撑。

在中国，不平等不仅体现在不同的社会人群之间，而且体现为城乡差距和地区差距。这种情况，在广大发展中国家中普遍存在。中国政府在减少不平等的过程中，同时从制度面和空间面开展工作。在制度面，积极推进收入分配制度改革，加快城镇化建设进度，实施精准扶贫，实施向中低收入家庭倾斜的财税政策，全面实施义务基础教育，建立各项社会保障制度等。这些制度创新为减少社会不平等奠定了制度上的基础。与此同时，针对地区之间发展的不平衡问题，中国政府通过公共资源空间布局的合理优化，落实主体功能区规划，因地制宜地建立跨区域协调机制，促进生产要素和社会资源在空间上的流动和优化配置等。这些空间面上的举措，为减少地区间不平等、实现地区协调的可持续发展提供了重要的支持。这些实践，上升到理论上，就是制度与空间相结合的减少不平等、推进可持续发展的"二重结构论"。国际社会和世界各国在减少不平等和推进全球可持续发展的过程中，要同时从制度改革与创新和资源的空间优化两方面下功夫，如此才能更好地在可持续发展中实现减少不平等的目标；反过来，减少不平等则可以为可持续发展提供新的助力。

Abstract

To reduce inequality is one of the Seventeen Sustainable Development Goals (SDGs) in the 2030 Agenda for Sustainable Development. Social inequality is a global problem and all countries in the world face this challenge. It seems that the global inequality is increasing. Under this condition, to achieve the SDGs, the global communities and all Countries in the world should work together to fight inequality within a country and also between countries. However, there are many different reasons to cause inequality and the result of fight inequality is limited, though all countries in the world work so hard on this issue. It's important to sum up all those good experiences when countries reduce their inequalities and share them with other countries. As the biggest developing country, China faces the dual tasks: transformation and development. China reduces inequality and controls polarization of rich and poor in its development. Those experiences can be shares with other countries and are helpful to the global sustainable development.

This book consists of three main parts. The first part is the first chapter, in which the challenges of global inequality such as economic inequality, regional imparity and imbalance of opportunity were elaborated. The second part consists of three chapters from chapter 2 to chapter 4. In this part, with micro level data of China Family Panel Studies, the micro-basis of China's reducing inequality policies was elaborated and tested. The family sustainability in China was studied in Chapter 2, the balance of opportunity policies in China is studied in chapter 3 and the inclusive finance in China was studied in chapter 4. The third part is the last chapter, in which the China's experiences were theorized and the application of China's experiences to other countries were illustrated.

In China, inequalities exist not only between different groups, but also between urban and rural areas, between regions. To fight inequalities, China takes actions from institutional reform to spatial optimization. The institutional reform includes actively promoting the reform of the income distribution system, speeding up the progress of urbanization, actualizing the targeted poverty alleviation, implementing the fiscal and taxation policy in favor of low – income families, having fully the basic education put into effect, and establishing the social security system and so on. These institutional innovations lay the institutional guarantee for the reduction of social inequality. At the same time, to solve the problem of unbalanced development between regions, the Chinese government has taken actions include the optimization of the spatial distribution of public resources, the implementation of the main functional area planning, the establishment of cross regional coordination mechanism, promoting the flow of production factors, and the spatial optimal allocation of social resources. These initiatives provide important supports for the reduction of regional inequality and the sustainable development. Institutional and spatial factors are used together to reduce inequalities and to promote sustainable development in China and it can be named as the "due structure theory". During the process of reducing inequality and promoting global sustainable development, the international communities and the world should take actions from the institutional reform and space optimization. As a result, reducing inequality can provide new impetus to global sustainable development.

目 录
|C O N T E N T S|

第一章　概述

　　全球可持续发展的兴起，与全球性问题的出现有着必然的联系。20 世纪中期以来，随着科学技术的进步，人类改造自然的能力在不断提高，但是，一些具有全球性质的问题也日益凸显。1972年，罗马俱乐部发布了《增长的极限》一书，对世界发展做出了悲观预期。从此，如何破解全球性的"人类困境"，成为关系全人类根本利益的重大课题。在这样的背景下，全球可持续发展逐渐成为一种共识。全球可持续发展以经济发展为中心，包括生态与环境保护、文化与科技的进步、社会道德水平的提升、代际公平等广泛的议题，是一个综合均衡发展的过程，要求人类在发展中讲究经济效率、关注环境和谐与追求社会公平，以最终达到人的全面发展。所以，全球可持续发展体现了人类共同的心声，需要全世界的人民团结起来，共同面对和解决各种世界性的难题，实现当前发展和未来发展相协调的发展模式，尤其要避免以牺牲未来发展为代价的短视发展模式，强调自然、经济与社会以及代际的和谐发展。

　　为了达成这一目标，国际社会做出了大量的工作和努力。1972 年，联合国人类环境会议发表了《人类环境宣言》，由此可持续发展思想开始"萌发"。1983 年，世界环境与发展委员会在名为《我们共同的未来》的报告中，提出了可持续发展的概念，得到了国际社会广泛的认可和响应。自 1992 年联合国环境与发展大会以来，国际社会积极推动实施《关于环境与发展的里约宣言》、《21 世纪议程》以及《可持续发展问题世界首脑会议执行计划》，获得了一定的成效。2015 年，联合国可持续发展峰会在纽约联合国总部举行，会议正式通过了由 193 个会员国共同达成的成果性文件，即《改变我们的世界：2030 年可持续发展议程》。这一包括 17 项可持续发展目标和 169 项具体目标的纲领性文件将推动世界在今后 15 年内实现 3 个史无前例的非凡创举——消除极端贫困、战胜不平等和不公正及遏制气候变化。在这些国际性文件的指引下，各种形式的国际和区域合作深入开展，世界各国为促进全球可持续发展投入了大量心血，在消除贫困、减少不平等、提高社会公平程度和保护生态环境等方面取得了一些成绩。但是，全球在经济、环境和社会发展方面正在面临着越来越复杂的形势，尤其在经济不平等、发展机会不平等和地区不平等加剧的背景下，全球可持续发展事业面临的挑战十分严峻。

第一节　经济不平等的挑战

在最初的可持续发展理念中，社会不平等并不是主要议题。但是，长期的可持续发展实践表明，不提高社会平等程度，很难实质性地推进可持续发展。其实，社会不平等问题与可持续发展问题几乎同时被提出来，并在 20 世纪 70 年代形成了一个小高潮。1971 年，约翰·罗尔斯的著作《正义论》一经出版，引发了对社会不平等的讨论和反思。① 1973 年，阿马蒂亚·森在《论经济不平等》一书中指出，不平等导致的阶层分化将越来越被社会所不能容忍。② 伴随着可持续发展的深入，不可避免地需要直接面对社会不平等问题。进入 21 世纪以后，关于社会不平等问题的讨论再次出现了高潮。2012 年，约瑟夫·斯蒂格利茨在其《不平等的代价》一书中，系统性地阐述了减少社会不平等的紧迫性，认为社会、国家为不平等付出了非常高昂的代价，这不仅仅体现在道德层面，更导致经济不断恶化。③ 2013 年，法国经济学家托马斯·皮凯蒂在其著作《21 世纪资本论》一书中指出，近几十年来，世界的贫富差距形势正在严重恶化，而且据预测将会继续恶化下去。④ 这种预言所带来的担忧迅速在国际范围内蔓延，引起了国际社会广泛的关注、讨论和共鸣。保罗·克鲁格曼在《纽约时报》上就不平等问题连续发表评论，强调减少社会不平等的重要性。显然，当今世界社会不平等现象的存在以及恶化，对于全球可持续发展而言，已经构成了严重的威胁。

一 世界经济的基本特征

全球经济总量在增加，但是经济增长的不稳定性在加大，经济增长存在明显的结构性陷阱。根据世界银行数据，自 1990 年以来，全球经济总体呈逐步增长趋势，GDP 总值有了明显的增加，

① 〔美〕约翰·罗尔斯：《正义论》，何怀宏等译，中国社会科学出版社，2009。
② Amartya Sen, *On Economic Inequality* (Oxford: Clarendon Press, 1973).
③ Joseph Eugene Stiglitz, *The Price of Inequality: How Today's Divided Society Endangers Our Future* (W. W. Norton & Company, 2013).
④ 〔法〕托马斯·皮凯蒂：《21 世纪资本论》，巴曙松等译，中信出版社，2014。

从 22.5 万亿美元增加到 2014 年的 78 万亿美元。① 也就是说，在这 25 年中，全球经济的总量增加了近 2.5 倍。但是，从经济增长的速度来看，增长速度放缓了。世界银行数据显示，2006 年全球 GDP 增长率为 4.26%，到了 2012 年，这一数值降到了 2.26%，2009 年还出现了 -2.06% 的负增长。由此可见，尽管近些年全球经济总量还在增长，但是，增长的驱动力在减弱。全球经济增长速度的放缓，给全球可持续发展带来了挑战。全球可持续发展的基础与核心是经济的可持续发展，即世界经济要在合理保护生态环境、节约使用资源以及不以牺牲后代发展为代价的方式下发展。但是，一旦全球经济发展出现动力不足，各国为了追求当前的经济发展需要，可能会采取一些急功近利的经济发展政策，从而损害本国及全球经济的可持续发展。当前全球经济发展的可持续性，在很大程度上取决于世界经济的发展速度。当世界经济保持一定的速度向前发展时，各种矛盾暂时可以得到缓解，可见全球经济的可持续是有现实基础的。但是，当经济增长速度放缓甚至出现负增长时，全球可持续发展的形势就会显得更为严峻。

全球经济可持续发展，不仅要求经济增长保持一定的速度，而且还需要在经济结构上不断优化与完善。总体而言，发展中国家在全球经济格局中的地位不断上升，但是全球经济发展依然不平衡。世界银行在统计 GDP 数据时，依据经济社会发达程度将全球各国分为不同类别国家，并分别统计它们的经济情况。为了进

---

① 本书所提到的数据的出处为世界银行，具体来源为 http：//data. worldbank. org/ indicator。

行比较，本书在此选取东亚及太平洋地区的发展中国家、欧洲及中亚的发展中国家以及撒哈拉以南非洲的发展中国家这三类国家的经济数据。如图 1 - 1 所示，总体来看，这三类发展中国家的经济占世界经济的比重都在上升。这说明，发展中国家整体的经济实力在提升，在国际经济中的分量也在加重。但是，发展的不平衡现象依然很显著。在这些发展中国家中，东亚及太平洋地区的发展中国家发展得比较快，2010 年其经济总量占全球经济总量的比重超过了16%，相当于 10 年前的 5 倍。相对而言，撒哈拉以南非洲的发展中国家尽管有所发展，但在世界经济体系中的重要性依然很弱，2010 年其经济总量占全球经济总量的比重不到3%。全球经济发展的不平衡，使得世界经济存在内在的不稳定性，经济发展的波动性也比较明显。这些特征和潜在的发展风险，为全球经济的可持续发展制造了障碍。当经济发展的不平衡达到一定程度时，各种世界性、全球性的矛盾就会凸显出来，全球经济的发展就会从可持续转换为不可持续。

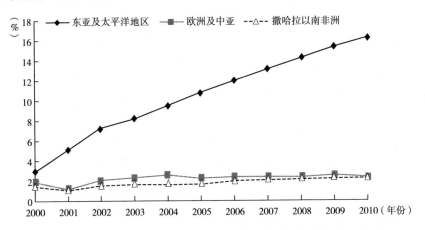

图 1 - 1　2001～2010 年发展中国家经济占世界经济的比重

数据来源：世界银行官网。

全球经济的可持续发展，对于世界各国而言，是一项重要的制度变革，要求世界各国都能够从全球经济的全局出发，在不损害后代人需要以及别国人需要的前提下，积极合理地发展本国经济。世界各国要想实践这种全球视野的经济发展观，需要改革本国的相关经济政策和制度。经济学家道格拉斯·诺斯曾经指出，"了解经济变革过程的关键取决于参与者实施制度变革的意向和他们对问题的理解"。[①] 当世界经济的增长速度放缓时，各国政府对全球经济可持续发展的理解，就会产生一些变化，甚至会对其产生怀疑。全球经济可持续发展的一个基本假设就是，世界各国在全球经济可持续的背景下可以实现本国资源的最优化配置，即获得全球经济可持续框架下的帕累托最优解。但是，当世界经济与本国经济增长缓慢时，一些国家为了最大限度地实现本国利益，会在全球经济可持续议题上互相博弈。结果是，很难真正达成全球经济可持续发展的目标。

二 经济不平等的加剧

世界经济发展的不平等有两个层次。其一是国家与国家之间的差距在加大；其二是一个国家内部居民之间的收入差距在扩大。根据世界银行统计的世界各国人均国民收入数据可知，2004～2014年，有 199 个国家提供了这些年完整的相关数据。计算这些国家人均国民收入的标准差，就可以用它们来体现这些年世界各国彼此之间的差距。如图 1－2 所示，2004 年，这 199 个国家人均国民收

---

① Douglass North, *Understanding the Process of Economic Change* (Princeton University Press, 2005), p. 78.

入的标准差为 12467 美元，而到了 2014 年，此标准差变成 19285 美元。从趋势线的走向来看，除了少数年份之外，该标准差总体增长的趋势很明显。这说明，近 10 年以来，世界各国在经济发展上的不平等程度在加剧，国家之间的差距在加大。当然，造成这种局面的原因是多方面的，但是这种发展趋势对于国际社会而言是个难题。国家之间差距的加大往往会成为地区纷争和矛盾产生的源头，会加剧地区的不稳定性，不利于国家之间的合作与发展。世界各国发展的差距越大，要实现国际经济社会的可持续发展的难度也就越大。因此，如何控制和缩小国家之间在经济发展程度上的差距，是实现全球可持续发展的重要课题。在这方面，国际社会和相关国家都已经投入了大量的精力，但是，任务依然很艰巨。

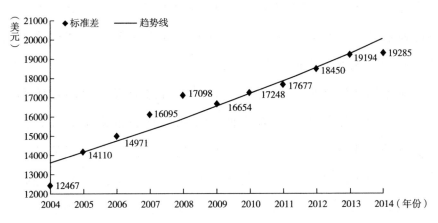

图 1 - 2　2004 ~ 2014 年世界各国人均国民收入的标准差

数据来源：世界银行官网。

除了国家与国家之间的差距在加大，一些国家的内部不平等也在恶化。以基尼（Gini）系数为例，世界银行的数据显示，美国 1986 年的基尼系数是 0.377，而到了 2013 年上升为 0.411；俄罗斯联邦 1988 年的基尼系数是 0.238，而到了 2012 年上升为 0.416①；巴拉圭 1990 年的基尼系数是 0.408，而到了 2013 年上升为 0.483；哥斯达黎加 1986 年的基尼系数是 0.344，而到了 2013 年上升为 0.492。在这些国家中，国内收入差距在增大，各种社会矛盾和问题也随之而来，而这会消耗社会资源，不利于本国社会经济的可持续发展。其他一些国家，都或多或少面临类似的问题，社会财富日趋聚集到占人口比重很少的富人手中，而处于社会下层的人们却挣扎在基本生活保障线上。托马斯·皮凯蒂在《21 世纪资本论》中强调说："自从 20 世纪 70 年代以来，收入不平等在发达国家显著增加，尤其是美国，其在 21 世纪头十年的收入集中度回到了（事实上甚至略微超过了）20 世纪的第二个十年。"② 这种局面使得这些国家的政府都忙于处理和协调本国内部的社会矛盾，很难有更多精力来实质性推动国际社会的可持续发展。尤其是，当国际发展和本国内部发展存在一定的优先取舍时，这些国家的政府一般会首先保证本国内部的和谐与稳定。

国家间在经济发展上的不平等，会加剧国家之间的竞争和矛盾，容易使国家间形成非合作博弈关系，从而带来全球性自然和社会的动态非均衡发展和不可持续的发展态势。这种态势还会受到各国国内矛盾的影响而变得更为复杂。当各国国内收入差距越来越大时，国内社会矛盾就会凸显出来，这会加剧国际经济的动荡，不利于全球经济的可持续发展。当前，经济全球化的趋势已

---

① 此处俄罗斯联邦 1986 年的基尼系数数据实际上是苏联 1986 年的基尼系数数据。
② 〔法〕托马斯·皮凯蒂：《21 世纪资本论》，巴曙松等译，中信出版社，2014，第 16 页。

经很明显，世界市场逐步统一，正在形成一个互相关联和互为补充的全球性市场。在这种情况下，人类命运也越加休戚与共，不仅需要考虑当代人的发展，而且还要考虑子孙后代的发展。因此，全球可持续发展不仅仅是一项使命，更是一项针对子孙后代所应承担的责任。但是，各国之间以及国家内部的持续不平等，会给全人类的未来累积庞大的治理成本，使得全球可持续发展举步维艰，影响其推进的速度。当然，面对不平等，人类不可能是无动于衷和束手无策的。安东尼·阿特金森在其著作《不平等，我们能做什么》中，就提出过减少收入不平等的 15 条具体政策和措施。①世界各国政府都在出台相关政策以减少收入的不平等，国际社会的努力也是有目共睹的。这一切，都为减少不平等和促进全球可持续发展提供了助力，为最终实现可持续发展目标打下了基础。

三 世界贫富差距明显

对于全球可持续发展而言，世界贫富差距是个全球性问题，也是可持续发展的重要障碍之一。当今世界贫富差距依然十分明显，发达国家与发展中国家及最不发达国家之间的差距并没有缩小。据世界银行数据，从总量上来看，2014 年，欧盟国家的 GDP 总量达到 18514 亿美元，最不发达国家的 GDP 总量仅为 887 亿美元，欧盟的这一数值为最不发达国家的近 21 倍。可见，这两类国家之间的贫富差距是很显著的。再看人均 GDP，2014 年，世界平均水平为 10739 美元，相比之下，最不发达国家的人均 GDP 仅为

① 〔英〕安东尼·阿特金森：《不平等，我们能做什么》，王海昉等译，中信出版社，2016。

952 美元，还不足世界平均水平的 9%，而欧盟地区的人均 GDP 远远高于世界平均水平，达到 36448 美元。此外，在经济合作与发展组织（OECD）中，高收入国家的人均 GDP 甚至高达 43697 美元，而低收入国家的人均 GDP 仅为 640 美元，连世界平均水平的 6% 都不到。从人均 GDP 来看，OECD 中的高收入国家居然是低收入国家的 68 倍多。这种差距可谓触目惊心，在令人震惊的同时，更多的是令人深省。当世界贫富差距无法获得有效控制时，它不仅会让全球可持续发展成为泡影，而且会导致世界经济的崩溃。全球化在带来世界经济增长的同时，也让贫穷的国家更加贫穷，让穷人的生活更为窘迫。在这种情况下，要实现全球可持续发展的目标，难度是可想而知的。

全球经济可持续发展的结果，应该是实现财富在世界人口中的分配尽可能的均等化。但是，现实的情况是随着全球化的深入发展，财富在世界人口上的分配越来越呈现两极化的趋势，有钱的人更加有钱，而穷人更穷。2001 年，全球化社会层面世界委员会对 73 个国家进行了调查。约瑟夫·斯蒂格利茨在《让全球化造福全球》一书中谈到了这个调查，他指出："1990～2002 年，除去南亚、美国及欧盟。世界其他地区的失业率都在上升。全球失业人数已经创下了近 1.859 亿的新高。该委员会同时发现，世界上 59% 的人口生活在不平等日益严重的国家，只有 5% 的人生活在不平等逐渐降低的国家。甚至是在大多数发达国家，富人们生活得越来越富裕，而穷人却时常不能维持生计。"① 近些年来，这种两

---

① 〔美〕约瑟夫·斯蒂格利茨：《让全球化造福全球》，雷达等译，中国人民大学出版社，2011，第 6 页。

极分化的趋势并没有得到任何缓解，相反强化的趋势却很明显。根据国际发展及救援的非政府组织乐施会（Oxfam）于 2015 年发布的报告预计，到 2016 年，占全球人口 1% 的最富有人士将比其他所有人更富有，其财富超过其余 99% 的人的财富总和，其财富占比将由 2014 年的 48% 增至 50% 以上。所以，从财富的全球分配来看，日益加剧的贫富分化势必会成为全球经济可持续发展的重要负担。

事实上，自 20 世纪 80 年代以来，贫富差距不断扩大为一种全球性趋势，成为一种全球性问题。解决这个全球性问题，将直接影响世界经济和其中的各国经济的命运。特别是在 2008 年全球金融危机爆发之后，贫富差距扩大的趋势更加明显，由此也引起社会治安状况明显下降，社会管理成本陡然上升，有的国家和地区甚至出现剧烈的社会动荡和局部战争，成为世界和平稳定的严峻风险隐患。这个问题如不予以严重关切，不采取得力措施解决，则会导致严重的，甚至是无法挽救的后果，从而会严重威胁全球可持续发展目标的实现。贫富差距问题的加剧不利于世界社会、经济的发展。世界贫富差距的扩大意味着有不少低收入者将陷于贫困，不利于整个社会减少贫困。世界贫富差距的扩大也不利于增进人与人之间的信任，这会降低人们对国际社会以及当地政府在推动可持续发展上所做的各项努力的信任，从而使他们对这些活动产生消极甚至抵触的心理和行为，进而阻碍可持续发展的推广与深入发展。所以，世界贫富差距问题是全球可持续发展在当前阶段最为严峻的挑战之一，如果这一问题得不到解决，世界经济的发展会受阻，社会发展也将停滞。

第二节　地区间不平等的挑战

区域经济协调发展是全球经济可持续发展的重要战略问题。根据联合国人口基金会发布的《2015 世界人口报告》，2015 年世界总人口超过了 73 亿，世界人口的分布呈现明显的区域特征：60％的世界人口分布在亚洲，16％的世界人口在非洲，欧洲人口占10％，拉美和加勒比地区人口占9％，剩余的 5％人口分布在北美洲和大洋洲。与人口分布相比，世界经济发展呈现明显的不平衡性。相对而言，北美和欧洲地区人口比较少，但是经济很发达。非洲地区人口比较多，但是经济发展水平低。这种区域经济发展不平衡，构成了当今世界经济的一个基本特征。要想全面达成全球可持续发展的目标，如何实现地区之间的经济协调发展，既是目前国际社会必须面对的一个重大理论问题，也是一个不可回避的重大实践问题。若地区之间的经济发展差距持续扩大，那么，不仅全球可持续发展难以实现，而且会出现全球持续性的不平衡。这种局面不仅不利于当下的世界经济与社会的协调发展，而且还会给下一代制造负担。所以，全球可持续发展需要不断缩小地区间的经济发展差距，确保世界各地都能够享受到全球化带来的益处，能够使得落后地区获得更多的发展机会。

一　世界经济有收敛性的迹象

为了实现全球经济可持续发展的目标，国际社会和世界各国进行了广泛的合作，投入了各种资源去加快落后地区的发展，以期望能够实现全世界经济的协调发展。应该说，这种努力还是获

得了一定的成效。从近些年世界各国经济发展的速度来看，发展
水平较低的国家，一般发展速度比较快。因此，世界各国经济的
发展水平趋向接近。这就是全球经济收敛性的重要特征，体现了
国际社会以及世界各国在这个问题上的努力。根据世界银行数据
得到的图 1 - 3 显示，中等收入国家的经济增长速度要明显快于高
收入国家。这说明，近些年来，世界经济的收敛性特征是很明显
的。从世界经济协调发展的角度而言，加快落后地区和国家的经
济发展速度，是提高全球经济发展速度的重要举措。如果这些欠
发达地区和国家的经济发展速度始终很慢，就会给世界经济发展
拖后腿。根据"木桶原理"，一只木桶盛水的多少，并不取决于桶
壁上最高的那块木板，而恰恰取决于桶壁上最短的那块。对于世
界经济发展而言，整体世界经济发展速度往往与这些欠发达地区
和国家的经济发展速度密切相关。因此，要想实现全球可持续发
展的目标，就需要重点发展这些落后地区和国家的经济与社会，
突破世界经济发展的瓶颈，最终实现世界各国经济的协调发展。

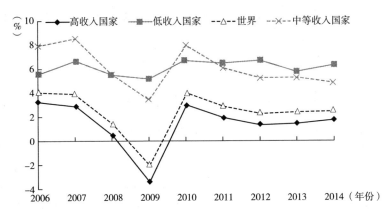

图 1 - 3　2006 ~ 2014 年不同收入水平国家 GDP 的增长速度

数据来源：世界银行官网。

世界经济的这种收敛现象，曾经引起过经济学家的广泛关注和深入探讨。经济学家曾经在 1991 年和 1992 年对西欧 73 个区域以及美国 48 个州的收入增长进行研究，发现无论是从部门还是从地区角度考察，地区收入水平的收敛现象是客观存在的，只不过这一收敛过程十分缓慢。① 典型贫穷地区与富裕地区之间的人均收入差距每年大约缩小 2%，美国和欧洲也是如此。世界经济如果按照这个逻辑发展下去，那么欠发达地区和国家的经济增长速度就会持续高于发达国家，随着时间的推移，两者在经济发展水平上就会逐渐拉近，直到处于相同的水平为止。若真能够实现这种发展模式，那么全球经济可持续发展目标的实现是指日可待的。当然，真实的情况，恐怕没有那么简单。正如林毅夫所指出的那样，"我论证了大多数欠发达国家并没有能够从与发达国家的产业和技术差距中受益，也没有在收入上收敛到发达国家的水平，是因为大多数发展中国家选择了错误的发展战略"②，所以世界经济的收敛在现实世界中并没有完全实现。

尽管林毅夫对世界经济的收敛进行了批判，但是他的批判也透露出一个重要信息，就是各国政府的发展战略很重要。若这些发展中国家采取了正确的发展战略，那么 Barro 和 Sala - i - Martin 所描绘的世界经济的收敛是可以在现实世界中实现的。这恰恰也是国际社会推动全球可持续发展的重要理论依据之一。因为发展中国家的经济发展战略可能会出现错误，所以国际社会应积极通

---

① R. Barro, and X. Sala - i - Martin, "Convergence Across States and Regions," *Brookings Papers on Economic Activity* 22 (1991): 107 - 182; R. Barro, and X. Sala - i - Martin, "Convergence," *Journal of Political Economy* 100 (1992): 223 - 251.

② 林毅夫：《发展战略、自生能力和经济收敛》，《经济学》（季刊）2001 年第 1 卷第 2 期，第 269 ~ 300 页。

过倡导和推广可持续发展的理念和方法，帮助广大发展中国家制定正确的、符合可持续发展要求的经济与社会发展战略。在 2000 年之后，随着全球可持续发展运动的进一步深入，世界出现了经济收敛的迹象。在 2008 年世界金融危机之后，国际社会进一步深化了发展中国家之间以及发展中国家和发达国家之间的合作与对话，有力地推动了世界各国经济的共同繁荣和发展。这一切都表明，在全球可持续发展的框架下，国际社会试图通过帮助发展中国家制定正确的发展战略促进世界不同地区之间的协调发展，并且取得了一定的成效。但是，所面临的挑战依然很艰巨。由于发展中国家之间也存在着各种差异性，因此，要真正实现全球可持续发展的目标，任务是艰巨而漫长的。也就是说，全球可持续发展一定是一场持久战，而绝非是速决战。

二　"俱乐部收敛"现象明显

在推动可持续发展来缩小全球地区间的发展差距方面，国际社会采取的举措之一就是鼓励欠发达地区在对自身自然、社会资源等进行可持续开发和利用的前提下，加快经济发展的速度，追赶发达国家，进而缩小彼此之间的差距。但是，林毅夫曾经在研究中指出："第二次世界大战以后，许多欠发达国家的政府采取多种政策措施，力图实现国民经济的工业化。然而，到目前为止，只有东亚少数几个经济体确确实实地缩小了与发达国家的发展差距，并且趋向收敛于发达国家的人均收入水平。"[1] 这是因为不同地区

---

[1]　林毅夫：《发展战略、自生能力和经济收敛》，《经济学》（季刊）2001 年第 1 卷第 2 期，第 269~300 页。

依据其初始资源条件的不同以及初始经济发展水平的差异，会在发展上形成不同的"俱乐部"。这里所谓的俱乐部其实就是因为"物以类聚，人以群分"而自然形成的群聚。在俱乐部内部，相似的地区或国家在发展上会出现收敛的特征。这就是所谓的"俱乐部收敛"。因为存在这种收敛，所以，尽管发达国家之间的发展存在着收敛的趋势，但是绝大多数发展中国家并没有能够缩小其与发达国家的差距，那些欠发达地区与发达地区的差距不仅没有缩小，反而还在扩大。因此，全球可持续发展可谓任重道远。国际社会需要通过积极有效的举措推动全球可持续的发展，通过密切的区域内联系和区域之间的对话和合作，为落后地区和国家提供更好的"追赶"机会和条件。

事实上，不仅贫困国家所组成的落后地区在经济发展速度上跟不上发达国家，而且这些欠发达地区往往存在着更为严重的两极分化。根据世界银行数据得到的图1-4显示，欧洲及中亚地区的贫富差距①问题最不明显，其贫富差距水平比较低，2010~2012年的贫富差距都小于1.00%。可见，这些地区不仅经济发展形势比较好，而且内部贫富差距比较小。但是，那些贫困的低收入国家以及撒哈拉以南非洲国家的贫富差距仍然处于较高的水平，2010年，这些地区的贫富差距分别是21.43%和18.35%；到了2012年，分别降为18.60%和16.47%。尽管这些年，这些地区的贫富差距在减小，但是依然停留在相对较高的水平上。这说明这些地区的贫富差距问题

---

① 世界银行于2015年10月4日宣布，按照购买力平价计算，将国际贫困线标准从此前的一人一天1.25美元上调至1.9美元。因此贫困率是指特定地区或国家中生活在该国际贫困线以下的人口所占的比例。而本文在此使用贫困率表示贫富差距水平。

依然很严峻，依然是亟须解决的难题。对于全球可持续发展而言，在对抗地区间贫富差距方面，既有成绩也有阻力。成绩是在这些年中，通过国际社会和各国政府的努力，总体而言，全球的贫富差距水平在降低，无论是发达地区还是欠发达地区，贫富差距水平都呈现下降的趋势。但是，挑战依然很严峻。从数据可以看出，经济越不发达的地区，其贫富差距现象越严重。严峻的贫富差距不利于这些地区的发展，甚至使得这些地区沦落为自然资源、矿产资源的被掠夺者，这不利于这些地区实施可持续发展战略。而且，现在存在的大多数全球的不平等是非正义的。① 因此，无论从经济发展来讲，还是从道义来讲，减少全球不平等都是非常紧迫的事情。

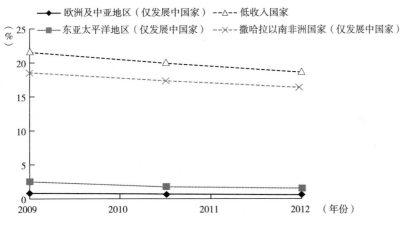

图 1-4 2010~2012 年不同国家和地区的贫富差距

数据来源：世界银行官网。

全球可持续发展强调的是全球协调发展，而不是特定地区的发展。在经济层面，全球可持续发展包括经济发展的一些主要内

① M. Darrel, "Global Inequality and Injustice," *Journal of International Development* 21 (2009): 1125-1136.

容，如经济总量的增长及质量改进等，这些内容与传统经济增长理论基本一致。但是，全球可持续发展同时还强调经济与自然资源和社会协调发展，反对那些可能导致生态环境破坏和资源耗竭、分配不公平、地区差距扩大等出现的经济发展模式。从全球经济发展的角度而言，地区发展程度之间存在的差距过大，说明全球可持续发展所面临的问题很严峻。这是因为部分地区的经济发展并不一定会导致全球可持续发展的深化，唯有全世界所有地区的经济发展都能够协调起来，达到共同发展的目标，全球可持续发展才能成为可能。也就是说，全球可持续发展是建立在世界各地协调发展的基础上的，是一种全球整体性的发展观，某些地区的经济发展并不代表全球可持续发展。自然资源必须占据一定的地域空间，而自然地域的差异性决定了自然资源分布的地域差异性。自然资源构成了当地经济发展的禀赋，自然资源的地区差异性也容易导致经济发展的地区差异性。全球可持续发展不仅要实现世界各地经济的协调发展，减少地区间经济发展的差距，而且要实现分布在世界各地的自然资源的有效和可持续利用。所以，对于国际社会而言，面临着可持续发展的多重目标。

三 南北合作上的困局

经济全球化在给世界各国带来新的发展机遇的同时，也在传播着风险与挑战。因为世界各国的经济发展起点和水平不同，所以它们不能同等程度地承受经济全球化所带来的风险，也不能同等程度地享受经济全球化所带来的利益。结果是，伴随着全球化的进程，南北之间的发展差距和贫富鸿沟不是在缩小，而是在扩大。南北问题的恶化，日益成为一个全球性的问题，为全球可持续发展制造了障碍，也是全球可持续发展的一个焦点问题。① 在破解这个困局上，国际社会和各国政府进行了各种探索和努力，也取得了一定的成效。但是，情况依然不容乐观，要同时实现南北地区共同可持续发展，还有一段漫长的路要走。若无法实现南北地区的共同可持续发展，那么全球可持续发展就只是一个幻想而已。要实现南北地区共同可持续发展，就需要不断深化南北合作，实现南北资源的有效整合和开发，利用南北地区的各自优势携手、协调发展。缩小南北差距，不仅有利于全球经济健康可持续发展，而且有利于消除世界上的许多不稳定因素，是全球可持续发展的重要基础。在这个过程中，国际社会必须共同努力，在各国充分参与和民主协商的基础上制定新的全球可持续发展规则，正确引导和管理全球化的进程，使之有利于国际社会所有成员，特别是要让发展中国家能够从中受益。

在南北合作上，发达国家对欠发达国家的援助发挥了一定的作用。根据 OECD 的定义，官方发展援助是由援助国官方机构向发展中国家及多边援助机构提供的援助资金，包括赠款或贷款，同时该种援助必须以促进经济发展与福利为主要目标，以及贷款应包含至少 25% 的赠款成分。从总量来看，世界各国收到的净官方发展援助近些年来呈现增加的趋势。世界银行的统计数据显示，2007 年世界净官方发展援助总额是 1081 亿美元，到了 2014 年则增加到 1415 亿美元。可见，在全球可持续发展的架构下，通过国际社会与各国政府的努力，南北合作与援助在加强。但是，也要看

---

① K. Rasler, W. R. Thompson, "Globalization and North – South Inequality, 1870 – 2000: A Factor for Convergence, Divergence or Both?" *International Journal of Comparative Sociology* 50（2009）: 425 – 451.

到，对发展中国家和最不发达国家的官方援助依然不是很理想。
如图1－5所示，重债穷国和最不发达国家所接受的官方发展援助
尽管总体呈现增加趋势，但是，2013年以后，出现了明显的减少。
外部援助对这些国家的发展至关重要，外部援助的大幅度减少，
对这些国家的发展非常不利。对于全球可持续发展而言，这种情
况需要及时得到调整。这说明官方援助尽管在总量上是增加的，
但是存在结构性的问题。官方援助的资金并没有流向真正最需要
援助的国家或地区，结果导致这些国家或地区所接受到官方援助
不增反减。

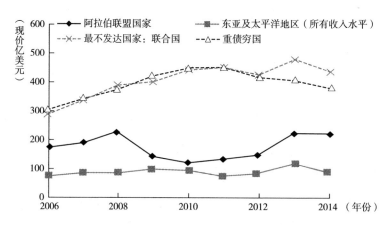

图1－5　2006～2014年各类欠发达国家收到的净官方发展援助

数据来源：世界银行官网。

在经济全球化这个大趋势下，世界格局在进行着重大的调整，
外部环境也发生了很大的变化，结果导致那些发展中国家本身谋
求生存发展的方式和特点都在发生变化，发展中国家与发达国家
的对抗与合作也日益交织在一起，形成"你中有我、我中有你"
的关系，互相依存与合作。但是，当南北差距过大时，南北之间的
平等合作关系就会破裂，南北矛盾就会凸显。所以，要实现全球

可持续发展目标，就需要坚持不懈地减少南北差距，不断深化南北合作，最终实现南北共享的协调发展模式。尽管在短期内，南北差距问题不可能得到彻底解决，但阻止它继续恶化应该成为国际社会的当务之急，而且也只有公平公正的全球化，才能真正有利于全球经济的持续发展，才能真正造福于世界各国人民，才能真正实现全球可持续发展的最终目标。在推进全球可持续发展时，国际社会在积极鼓励发达国家对广大发展中国家进行援助与支持的同时，还需要引导广大发展中国家利用自身特长和优势，以平等的姿态积极参与国际分工与合作，成为世界经济的一部分。对于广大发展中国家而言，不能消极等待别人发慈悲，而是需要依靠自己的智慧和力量增加自己在国际社会中的发言权。这是全球可持续发展的基础，因为唯有对等与平等，才能实现真正意义上的南北对话与合作。

第三节　机会不均等的挑战

可持续发展强调人与人之间的机会均等，即当代人之间以及当代人与下代人之间享有同等的、正当的环境与社会权利，享有在发展中合理利用资源和拥有清洁、安全、舒适环境的权利，享有平等接受教育、卫生、社会保障等以及参与公共社会决策的权利。经济发展与机会均等之间存在着一定的联系。[①] 当社会中存在严重的发展机会不均等时，就会引发社会不同阶层之间的对立，

---

① V. Peragine, F. Palmisano, P. Brunori, "Economic Growth and Equality of Opportunity," *World Bank Economic Review* 28（2014）：247 – 281.

导致社会贫富差距的急剧扩大，使得社会矛盾不断激化，影响社会的稳定，从而使可持续发展成为不可能。所以，世界各国都在通过合理的制度设计，来尽可能地提高社会所有成员发展机会的均等程度；通过提供公平的发展机会，来有效增加不同阶层之间的流动，保证人力资源的合理配置，实现社会的可持续发展。可持续发展强调追求两方面的公平：一是本代人的公平即代内公平，要满足全体人民的基本需求，实现他们较好生活的愿望；二是代际公平即世代平等，当代人要合理利用资源，不要损害后代人获得发展的能力。如果连代内公平都实现不了，那么要实现代际公平，简直就是空中楼阁，是虚无缥缈的事情。所以，在全球可持续发展的框架下，国际社会和各国政府都在致力于不断提高人民的机会均等程度。但是，当今世界上依然存在着明显的发展不均衡问题，全球可持续发展任务依然很艰巨。

一　就业机会不均等

2015 年 4 月，联合国经济及社会理事会召开会议，就"通过为所有人创造就业和体面工作而实现可持续发展"议题进行了讨论，为制定 2015 年后的发展议程提供了参考。所以，全球可持续发展的一个重要目标就是让世界上所有人都能够平等获得就业机会并且能够体面地工作。因此，全球可持续发展和平等就业权是互相不可分割的。在联合国的人权条约和国际劳工组织的基本公约中，平等权利与不歧视原则是两个核心。国际社会在推进全球可持续发展的过程中，也在积极贯彻这两个核心原则，以消除就业上的歧视，促进世界各国实现平等就业。但是，来自各方的阻力也是显而易见的。目前，国际社会以及各国政府都普遍面临着就业机会不足与就业不平等的双重困局，其中，就业不平等所导致的负面影响和破坏力是全局性的，甚至是全球性的，远比想象的还要严重，就业不平等是当前世界各国社会不平等的一个突出表现。随着全球可持续发展理念的兴起，全世界当代劳动者之间以及当代劳动者与下代劳动者之间都应公平分享发展成果，已经成为一种广泛的社会共识，而平等就业则是实现这个基本目标的根本途径。但是，各国就业水平难以提高，并且男女之间就业机会不平等，对于全球可持续发展而言，这是个很棘手的问题。

如图1-6所示，2006年以来，世界就业形势不容乐观。总体而言，世界就业基本上维持在较为平稳的水平，并没有显著增加的趋势，甚至还有小幅度减少的迹象。男性15岁及以上总就业人口比率从2006年的77.42%下降到2014年的76.73%，而女性的这一指标则从2006年的51.66%下降到2014年的50.29%，都基本上下降了近1个百分点。所以，这些年来，全球就业的总体趋势是稳中略降。这说明，在全球经济增长的同时，就业并没有获得同步增长，就业的压力依然明显。从男性与女性参与就业的机会来看，存在着明显的不平等现象。2006~2014年，男性15岁及以上总就业人口比率的均值是76.85%，而女性15岁及以上总就业人口比率的均值仅为50.69%。也就是说，男性就业参与率比女性就业参与率要大概高出26个百分点。可见，女性在参与就业上依然处于明显的劣势地位。几年前，国际劳工组织曾经发布《2012年全球妇女就业趋势》报告，认为全球男女就业不平等的现象近来不断加剧，女性失业率持续高于男性，而这一现象未来几年内仍无法得到有效改善。该报告还进一步指出，2002~2007年，男女失业率分别为5.3%和5.8%，而当前的危机拉大了男女失业率的差距。女性在低收入岗位的占比高于男性，特别是在北非、中东和撒哈拉以南非洲地区。因此，综合起来可以判断，当前国际上男女在就业上的不平等问题依然很突出，形势并不乐观。

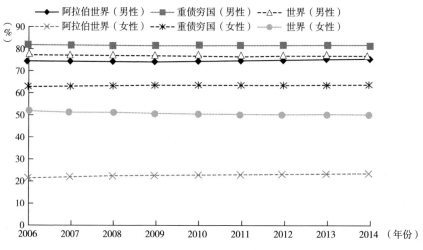

图 1-6 2006~2014 年 15 岁（含）以上总就业人口比率

数据来源：世界银行官网。

为解决这一问题，切实提高女性的就业能力，确保平等参与就业的机会，进而推动全球可持续发展，国际社会提出了一些建议，各国政府制定了一些合适的政策，如进一步完善相关法律、制定男女平等的就业政策、加强对女性的教育培训、促进家务劳动社会化、加强社会流动以及消除就业性别歧视现象等。这些举措在一定地区获得了一定成效，但是，由于市场经济条件下劳动力市场严重供过于求，传统的"性别分工"观念重新抬头，加上女性自身在观念、知识层面、技能方面的局限，使得目前男女在诸如就业机会、就业薪酬、其他就业权益等方面的不平等问题出现恶化的迹象。这种趋势若不加以遏制，就会使女性逐渐失去已有的经济与社会地位，而且还会造成女性人力资源的闲置和浪费。

全球可持续发展，核心是全球人力资源的可持续开发与利用。当全球有一半的人力资源被人为地浪费时，那么全球可持续发展的速度就会大打折扣。因此，国际社会以及各国政府都需要以可持续发展的眼光看待女性就业机会均等的问题，必须缓解以至消除男女就业不平等，实现男女就业平等，以促进妇女的全面发展。确保男女平等就业，不仅寓意深远，而且应当成为新时期全球可持续发展实践和制度设计的着力点。

二　教育机会不平衡

在应对当前全球性的各种问题时，教育作为全球可持续发展的关键因素和基本力量，发挥着极其重要的作用。良好的教育能够帮助人们调整价值观，学会与自然、社会、他人以及下一代人和谐相处，认识到自己在全球可持续发展中所承担的责任和义务以及需要采取共同行动的重要性。全球可持续发展，核心是人的可持续发展。在推进全球可持续发展的进程中，要不断通过完善教育制度提高人们的可持续学习能力和可持续发展潜质，使之形成可持续发展的价值观、知识能力与行为方式。要达成这样的目标，就需要确保每个人的平等受教育的权利，每个人都应当有平等接受教育的权利和机会，如此才能共同建设一个可持续发展的世界。但是，在现实社会中，由于不同国家经济、社会发展程度不同，以及传统的教育观念依然很顽固，一些国家和地区的教育呈现明显不均等的现象。所谓的"教育机会不均等"是指在某些地区之间和团体之间存在的、不是故意造成也不是因偏见形成的在教育机会上的差别对待。因为存在严重的教育机会不均等的情形，所以社会的弱势群体势必会因为种种原因而无法确保自己能够获得接受教育的机会。这种局面会削弱社会的可持续发展能力。

如图 1 - 7 所示，当前世界依然存在着严重的教育发展不平衡问题。1990~2010 年，总体而言，世界各国的教育都在往好的方向发展，青年人的识字率呈现不断增加的趋势。但是，增加的速度在放缓。这说明，进一步提升教育发展水平的难度在加大。更为重要的是，地区之间的教育发展水平存在很大的差距。重债穷国和撒哈拉以南非洲地区国家的教育发展程度低，15~24 岁青年人的识字率在这 20 年中的平均值分别为 62.75% 和 67.88%，远低于世界平均水平的 87.02%，与欧洲和中亚地区的 99.37% 相比，则差距就更大了。这说明，与世界其他地区相比，这些地区和国家的年轻人接受教育的机会要少得多。因此，从全球来看，教育机会分布存在明显的不均等特征。这种教育机会的不均等导致世界各地的年轻人接受教育的机会以及程度都有所不同。也就是说，这些地区的年轻人从一开始在入学机会上就处于明显劣势。由于

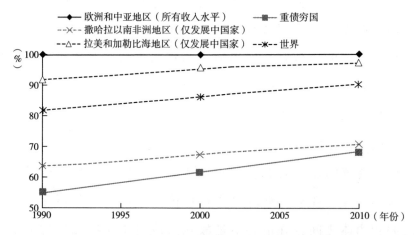

图 1 - 7　1990~2010 年 15~24 岁青年的识字率

数据来源：世界银行官网。

这些地区的教育发展程度较低，所以这些年轻人即便进入学校接受教育，在接受教育的过程中也会遭受机会不公平的厄运。诺贝尔经济学奖得主斯宾思、阿罗以及斯蒂格利茨等人对教育的研究指出，教育具有筛选功能，即所谓的"筛选理论"。教育的这种筛选机制，会把教育机会不均等传播到劳动力市场，加剧就业机会的不均等，不利于可持续发展。

教育在促进人的发展、社会发展以及可持续发展中具有全局性的战略地位。国际社会和世界各国政府为了推进全球可持续发展，在提高世界各国教育机会均等程度上做了大量的工作，也取得了一定的成效。但是，在世界的一些贫困地区，辍学儿童依然大量存在，许多落后国家无法为学龄儿童提供接受教育的机会。1990年3月，世界全民教育大会召开，各国政府共同通过的《世界全民教育宣言》指出，"教育是一项基本人权"。但是，当世界上还存在着因为性别、社会背景等因素而无法获得平等教育机会的情形时，教育这项人权就很难得到保障，全球可持续发展也很难真正落到实处。教育机会均等对一个社会乃至全球社会的健康可持续发展有着十分重大的意义，促进教育公平，加大教育投入，加强扫盲和对弱势群体的教育，尽可能消灭性别歧视，是国际社会和各国政府努力的目标。平等的受教育机会是人类的孜孜追求，也是文明进步和社会发展的体现。在当前推进全球可持续发展的背景下，对这一问题的思考有很强的战略意义。然而，社会在加速前进，实践在不断发展，对这个问题的探索和认识也是没有止境的。旧的问题解决了，新的问题又出现了。在人类实现全球可持续发展各项目标的过程中，教育机会均等问题始终是不可忽视的重要问题。

三 卫生发展不平衡

健康是人类生存和发展的基础，健康发展是人类永恒的追求。当健康不能获得普遍保障时，人类的发展就会受挫。所以，在人类社会的可持续发展中，健康居于很重要的地位。人类社会的可持续发展，有赖于人类健康的可持续发展。联合国可持续发展的17个目标明确指出："确保健康的生活方式，促进各年龄段所有人的福祉对可持续发展至关重要。"为了达成这些目标，在国际社会和世界各国的共同努力下，世界医疗卫生事业在总体上取得了显著的发展成就。世界卫生组织发布的《2016年世界卫生统计》显示，过去20年间，全世界在改善最贫穷国家的卫生状况和缩小卫生状况最优和最差国家之间的差距方面，取得了引人瞩目的进展。尤其是对于那些贫穷落后国家而言，随着国际捐助的加大以及这些国家本身在卫生事业上投入的增加，其卫生状况获得了显著改善。事实上，贫穷和疾病之间存在密切的联系。贫困问题及贫困对健康和卫生发展的影响日益引起国际社会的重视和关注。在全球可持续发展的框架下，国际社会对贫困地区和国家采用了反贫困、促发展、保健康的策略，把经济发展和卫生发展整合起来，共同推动了这些地区社会的综合可持续发展，获得了良好的成效。这种可持续发展的"组合拳"，一方面强调经济发展对卫生发展的支撑作用，另一方面重视投资于卫生对促进经济发展和减少贫困的反哺作用，建立和完善了经济发展与卫生发展之间的良性循环，因此效果还是很明显的。

但是，全球卫生资源分布和配置不均衡的结构性问题，依然很难从根本上加以解决。由于存在这种结构性比例失衡的情形，

所以不同国家间以及国家内部在卫生资源配置上还存在着较大差
距，情况还远不能令人满意。如图 1 - 8 所示，从人均医疗卫生支
出来看，欧洲地区国家的水平远远高于重债穷国的水平。而且，
两者之间的差距在 2006 ~ 2014 年不增反减。2006 年，前者比后者
高出 3193 美元，而到了 2014 年，前者比后者高出 4082 美元。当
然，从绝对量来看，无论是世界平均水平还是这些重债穷国的水
平，都呈现增长的态势。但是，二者增长的速率和幅度不同，导致
落后国家和发达国家在卫生发展上的差距依然很明显。例如，欧
洲地区国家 2014 年的人均医疗卫生支出是 2006 年的 1.28 倍，而
重债穷国 2014 年的人均医疗卫生支出是 2006 年的 1.79 倍，即从
增长速度来看，重债穷国增长更快，但是由于基数不同，从量的
角度来比较，两者之间的差距在加大。这是全球可持续发展所需
要克服的难题之一。按照这种分析结果，即便是保持目前的发展
趋势，发达国家和贫困落后国家在卫生事业上的差距在一段时间
内，还是会呈现扩大的趋势。导致这种趋势的主要原因是结构性

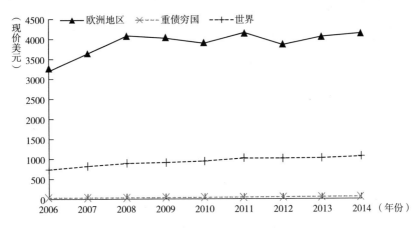

图 1 - 8   2006 ~ 2014 年人均医疗卫生支出

数据来源：世界银行官网。

因素，所以国际社会在推动发达国家在卫生事业上援助贫困落后国家的同时，需要帮助这些贫困国家调整和完善内部结构，扩大其在卫生医疗上的投入，并不断缩小它与发达国家之间的差距。

随着交通技术的不断发展，世界范围内的人员流动越来越频繁。在这种情况下，艾滋病、"非典"、甲型流感等新发和复发传染病以及潜在的生物恐怖袭击在全球化背景下构成了全球公共卫生威胁，成为全球性问题。国际社会在公共卫生安全领域的相互依赖日益加深。这些公共卫生威胁对人的安全、国家安全、国际安全以及全球安全都产生了重要影响，一旦出现问题，就会对全球可持续发展构成重要障碍，不利于世界经济与社会的发展，更不利于整个国际社会的健康与安全。曾经一度被认为是"非洲特产"的埃博拉病毒，却在很短的时间内，迅速蔓延，引发了一场足以影响全球政治、经济、社会、安全等诸多方面的危机。也就是说，这类公共卫生问题已经被"安全化"。这类卫生问题的发生，不仅会严重削弱穷国的经济实力，而且还会负面影响富国的经济与社会发展。所以，从全球可持续发展的角度来看，无论是穷国还是富国，都要携手、共同解决世界范围内的卫生资源分配不均问题，缩小发达国家和贫困落后国家在卫生投入上的差距，做好对传染病的联防联控。

小 结

2015 年 9 月 25 日，联合国可持续发展峰会在纽约联合国总部召开，会议通过了由 193 个会员国共同达成的成果性文件，即《改变我们的世界：2030 年可持续发展议程》。在这一包括 17 项可持续发展目标和169项具体目标的纲领性文件中，战胜不平等和不公正成为目标之一。当前世界，一些地区的社会不平等正在加剧，贫富差距在加大，地区间差距问题也有恶化的迹象，国际社会面临着严峻的机会不均等的挑战。国际社会必须共同应对这些挑战，如此才能为所有人建立一个包容的、公平的、机会均等的社会和可持续发展的地球。为了落实减少不平等的可持续发展目标，国际社会需要汲取各国在减少不平等和推进可持续发展上的经验，强化国家之间的交流与合作。各国要将可持续发展目标与本国的国情相结合，完善相关的法律和政策，坚持顶层设计和基层创新相结合，稳健地推进各项减少不平等的政策，为可持续发展提供助推力。为落实减少不平等的目标，各国政府在建立或重组高级别机构并采取协调一致的行动的同时，需要加强与国际社会和世界各国的交流与合作，要及时分享经验，并互相监督与促进。这些都是应对当前世界范围内的贫富差距加大挑战的基本原则，也是实现减少不平等目标的关键所在。

第二章　中国经济不平等及其对策

经济的不平等在很大程度上源于收入的不平等，一些学者通过对收入的研究来测量和评估经济不平等的程度。[①] 收入是个流量的概念，而财富是个存量的概念，收入上的差距会直接影响财富上的差距，收入不平等会直接导致财富的不平等。[②] 在中国，收入不平等是当前社会经济结构转型的核心问题之一，也是中国在实施可持续发展过程中所需要面对的挑战。收入不平等的持续扩大，不仅会导致社会阶层的分化和矛盾，而且会导致社会信任的衰弱，进而产生从阻碍宏观经济发展到影响微观个体健康等诸多社会问题。[③] 所以，从可持续发展来看，收入差距的持续扩大，无论在宏观层面还是在微观层面，都会有消极不利的后果，需要对其加以控制。世界各国都在致力于缩小收入差距，但是所面临的挑战也是巨大的。当前，不仅国家之间的收入差距有扩大的迹象，而且不同的国家内部也面临着收入不平等的问题。中国在这方面进行

① Lisa A. Keister, *Wealth in America: Trends in Wealth Inequality* (New York: Cambridge University Press, 2000).

② Frank. A. Cowell, *Measuring Inequality* (Prentice – Hall/Harvester – Wheatsheaf, 1995).

③ A. Wagstaff, V. D. Eddy, "Income Inequality and Health: What does the Literature Tell Us?" *Annual Review of Public Health* 21 (2000): 543 – 567.

了大胆的探索和改革，在一定程度上有效地抑制了收入差距扩大的趋势，这些经验值得世界各国参考和借鉴。

中国在实施和推动可持续发展的过程中，不仅重视宏观层面的可持续发展，而且重视微观层面的可持续发展，努力实现经济、社会可持续发展和家庭、个体可持续发展互相协调的综合发展。家庭是社会成员成长和生活的基本单位，它作为最基本的经济社会组织，是市场经济条件下微观经济运行的一个重要主体。因此，要实现社会可持续发展，一个前提条件和重要基础就是实现家庭的可持续发展。若家庭是不可持续发展的，那么社会也不可能实现可持续发展。家庭作为一个经济实体，在经济活动中，既有消费活动，同时也有生产活动和投资活动，因而是一个集生产、投资和消费于一体的综合性的经济实体。① 从可持续发展的角度来说，家庭经济活动是家庭正常运行及其成员健康幸福生活的物质基础，因此，家庭就是社会可持续发展的重要微观基础。中国政府在推动可持续发展的过程中，历来重视民生议题，在不断提高人民生活水准的同时，尽可能地缩小家庭收入差距，实现社会的和谐稳步发展。从家庭微观层面来分析，可以比较清楚地发现中国政府这些年在实施可持续发展过程中所取得的成绩。

第一节　家庭收入与可持续发展

改革开放以来，中国实现了持续和高速的经济增长，取得了世界瞩目的成就，但同时也面临着日益严峻的收入不平等问题的

---

① Gary Stanley Becker, *A Treatise on the Family* (Harvard University Press, 1993).

挑战。急剧扩大的收入不平等与改革之前的传统社会主义制度下的平均主义分配模式形成鲜明的对照，由此引发了一系列社会问题和矛盾，为经济、社会的可持续发展带来了"包袱"，成为可持续发展的"拦路虎"。一些学者担忧，中国的收入差距已经达到一个令人担忧的水平，中国日益扩大的贫富差距将危及社会稳定。①为解决日益尖锐的收入分配问题以更好推动和实施可持续发展，近些年来，政府的政策导向也在进行积极调整，已从效率优先、兼顾公平向更加注重社会公平转变，旨在构建一个"民主法治、公平正义、诚信友爱、充满活力、安定有序、人与自然和谐相处"的和谐可持续性社会。这种政策调整，充分体现了中国政府自我调整的能力，也说明中国政府能够更好地兼顾民生与发展，通过发展来减少社会与经济的不平等，通过持续减少收入不平等来为可持续发展向深层次推进提供基础性支撑。这种宏观与微观整合协调的发展，是中国特色的可持续发展模式，充分体现了中国政府和社会各界的创见。

要从微观上评估中国家庭可持续发展的情况，需要有翔实可靠的微观数据。北京大学中国社会科学调查中心已经通过实施中国家庭追踪调查（China Family Panel Studies，简称 CFPS）项目，系统性地收集了中国家庭的一手数据。CFPS 旨在通过跟踪收集个体、家庭、社区三个层次的数据，反映中国社会、经济、人口、教育和健康的变迁，为学术研究和公共政策分析提供基础数据。CF-PS 项目重点关注中国居民的经济与非经济福利，以及包括经济活

---

① 李实等：《中国收入差距究竟有多大？——对修正样本结构偏差的尝试》，《经济研究》2011 年第 4 期，第 68 ~ 79 页。

动、教育成果、家庭关系与家庭动态、人口迁移、健康等在内的诸
多研究主题，是一项全国性、大规模、多学科的社会跟踪调查项
目。CFPS样本覆盖25个省/市/自治区，目标样本规模为16000
户，调查对象包含样本家庭中的全部成员。CFPS项目组于2008
年、2009年在北京、上海、广东三地分别开展了初访与追访的测
试调查，并于2010年正式开展访问。经2010年基线调查界定出来
的所有基线家庭成员及其今后的血缘/领养子女将作为CFPS的基
因成员，成为永久追踪对象。CFPS调查问卷共有社区问卷、家庭
问卷、成人问卷和少儿问卷四种主体问卷类型，并在此基础上不
断发展出针对不同性质家庭成员的长问卷、短问卷、代答问卷、
电访问卷等多种问卷类型。在此基础上，CFPS项目组完成了2012
年和2014年的追踪调查。从有效样本来看，2010年家庭样本是
14960户，个人样本是42590个；2012年家庭样本是13453户，个
人样本是44339个；2014年家庭样本是14219户，个人样本是
45708个。[①] 海内外已经有很多学者用CFPS数据做研究，发表的相
关论文已经有数百篇。

　　为了评估CFPS样本的全国代表性，需要将它们与全国人口普
查样本进行比较。在这方面，CFPS项目组已经进行过系统性论证
和研究，结果表明CFPS样本的全国代表性是可靠的。谢宇等人的
研究指出："为了评估CFPS样本对总体人口的代表性，我们将基
线调查中基因成员的性别 – 年龄加权前分布与全国第六次人口普
查（以下简称'六普'）的性别 – 年龄分布作比较……我们发现，
CFPS家庭成员的性别 – 年龄结构与'六普'的人口结构分布直观

---

① 关于CFPS项目的基本情况，请参见其网站。

上相当吻合。"① 由于 CFPS 样本与全国人口普查样本相比具有相当强的吻合度，因此，学术界已经普遍接受 CFPS 数据是可以与国家统计局数据互相验证的数据。而且，北京大学汇集各个领域的专家，每年会利用 CFPS 数据在北京大学出版社出版《中国民生发展报告》。该系列年度报告的数据都来自 CFPS，并且在研究过程中，通过和国家统计局的数据进行比对，发现两者是基本吻合的。由于国家统计局数据是官方数据，发布的都是汇总数据，而不公布微观数据，使得学界对其数据质量存在着担忧，认为其中的一些数据出于政治的需要而被调整了。CFPS 数据则是由学术界独立设计和实施的微观调查所得的数据，且 CFPS 项目组对外不仅公布微观层面的数据，而且还公布所有调查过程中的技术文档，让整个数据采集过程透明化。因此，CFPS 数据的可靠性和权威性，已经被海内外学者所认同，每年都有利用 CFPS 数据进行研究而发表的中英文论文。国际顶尖科学期刊 *Science* 曾专门报道过 CFPS 数据的科学性。②

目前，CFPS 数据已成为研究中国微观家庭行为的权威数据。作为 CFPS 项目的首席科学家，谢宇教授强调说："中国正在经历一场急剧的、大规模且不可逆转的社会变革，这场变革给社会科学研究提供了前所未有的良好机遇。"③ 正是在这种背景下，有关学者开始了 CFPS 的微观数据收集工作。为了确保数据的高质量，在 CFPS 设计、抽样、问卷开发、执行、质量监控、数据清理和管

---

① 谢宇、胡婧炜、张春泥：《中国家庭追踪调查：理念与实践》，《社会》2014 年第 2 期，第 1~32 页。

② Mara Hvistendahl, "Survey to Reveal True Face of Chinese Society," *Science* 328 (2010): 554-555.

③ 顾佳峰：《调查机构管理：理论与实践》，人民出版社，2013，第 1 页。

理等所有环节，都采用了极其严格的标准。^① 事实上，实施 CFPS
项目来系统性地收集微观数据，与减少社会不平等和可持续发展
有着内在的关联。厉以宁教授说："上世纪 80 年代初，我在《二
十世纪的英国经济——"英国病"研究》一书中指出，在工业发
达国家出现了一系列难以解决的社会问题，诸如环境污染、犯罪
率和离婚率上升、失业和贫穷加剧等，使人们逐渐认识到，经济
增长不一定意味着社会发展。这就要求从社会整体发展的目的出
发，使用社会调查方法，收集大量的、更全面的事实来描述、分析
社会发展状况和发展趋势，从而监测社会发展和采取相应措施。"^②
所以，这类社会调查，本身就有着减少社会不平等和推进社会可
持续发展的使命。客观上，这类调查通过把现实中的问题准确地
测量出来，能帮助政府制定正确的相关政策，因此在减少不平等
和推动可持续发展上，能起到不可替代的作用。

一　家庭收入的可持续性

在《改变我们的世界：2030 年可持续发展议程》中，目标 10
是"减少国家内部和国家之间的不平等"，其中强调"到 2030 年，
逐步实现和维持最底层 40% 人口的收入增长，并确保其增长率高
于全国平均水平"。根据 CFPS 的收入数据，把家庭分成最低 20%、
较低 20%、中等 20%、较高 20% 和最高 20% 五档。2012 年这五档
对应家庭的平均收入分别为 3400 元、15700 元、30200 元、49500
元和 110200 元；2014 年这五档对应家庭的平均收入分别为 4500

① 顾佳峰：《大数据时代下中国社会调查的科学新观》，《大数据》2016 年第 3
期，第 29~37 页。
② 顾佳峰：《调查机构公共关系经营与管理》，经济日报出版社，2014，第 1 页。

元、19100 元、35200 元、56000 元和 117600 元，这两年这五类家庭平均收入的增长率分别为 32.4%、21.7%、16.6%、13.1% 和 6.7%。这说明 2012 年到 2014 年，中国家庭中收入最低的 20% 和倒数第二低的 20% 的家庭，平均收入增长率要显著高于其他家庭。这一方面说明了中国在减少社会不平等、缩小家庭收入差距上所取得的成绩，另一方面也说明了要消除社会不平等需要长期努力，不可能一蹴而就。由于不同收入家庭所积累的家庭财富存量的不同，不可能因为短期的赶超，就能够使得低收入家庭完全超越高收入家庭。当然，中国在引导低收入家庭加快发展的同时，也合理控制高收入家庭的发展速度，进而避免出现社会贫富两极化的现象。从家庭收入增长率来看，增长速度和收入水平呈现负相关性，即平均收入越高的家庭，收入增长速度越慢。这体现了社会财富向中低收入家庭倾斜的趋势，有利于缩小社会的经济差距，有利于社会可持续的发展。

在缩小家庭收入差距上，中国采用了发展和公平兼顾的方式，在发展的过程中通过各种政策来控制和缩小家庭收入差距。这是一种良性的可持续发展道路，也是一种在发展过程中不断缓和与解决社会矛盾的协调发展模式。若家庭收入不能增长，那么各种社会矛盾就会浮现出来，很难实现可持续发展的目标。根据 2014 年的 CFPS 数据，得到图 2 - 1。如图 2 - 1 所示，2010 ~ 2014 年，中国家庭的各项收入都呈现不断增加的趋势。2010 ~ 2014 年，中国家庭的工资性收入均值从 22710 元增加到 32860 元，增加了 0.5 倍左右；家庭转移性收入均值从 3750 元逐渐增加到 7090 元，增加了将近 1 倍。在这些年中，家庭人均收入均值和家庭总收入均值也呈现明显的增长态势，都增加了 0.5 倍左右，而且随着时间的变化

增长率也逐渐提高，也就是说 2014 年的增长率要显著高于 2012
年。可见，为了确保家庭层面的可持续发展能力，中国政府不断
提高家庭的收入水平，使得老百姓的生活水准能够持续获得提升。
老百姓通过与过去的自己进行比较，就能感受到生活水准的提升，
能够感受到社会的公平。这种以发展促公平的做法，对于广大发
展中国家而言，尤为重要。如果家庭收入普遍偏低，社会矛盾会
更加激烈，实现社会公平的难度会更大。

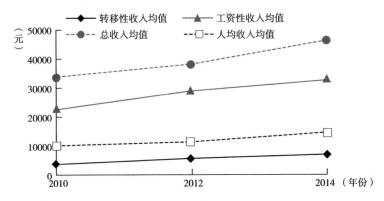

图 2 - 1　2010～2014 年中国家庭不同收入的变化情况

数据来源：2010 年、2012 年和 2014 年的 CFPS。

　　为提高家庭的收入，进而确保家庭可持续发展的能力，中国
政府采取了一系列积极有效的做法，获得了良好的成效。在增加
家庭工资收入上，不断完善最低工资和工资指导线制度，逐步提
高最低工资标准，积极稳妥地扩大工资集体协商覆盖范围；改革
国有企业工资总额管理办法，加强对部分行业工资总额和工资水
平的双重调控，缩小行业间工资水平差距；不断完善公务员工资
制度；进一步完善符合事业单位特点、体现岗位绩效和分级分类
管理的事业单位收入分配制度；规范和完善劳动力市场的定价机
制。这些措施在家庭层面就体现在家庭工资性收入的持续增长和

更趋公平上。同时,政府加快健全了以税收、社会保障、转移支付为主要手段的再分配调节机制。调整财政支出结构,提高公共服务支出比重,加大社会保障投入,较大幅度地提高了居民转移性收入。这些做法对增加家庭的转移性收入有直接的正面影响,为家庭可持续发展提供了持久的动力。政府还通过税收政策的调整,指导家庭收入的合理分配,避免出现家庭收入两极分化的局面,尽可能地减少家庭收入的差距。税收政策向广大中低收入家庭合理倾斜,合理调整个人所得税税基和税率结构,提高工资薪金所得费用扣除标准,减轻中低收入者的税收负担,加大对高收入者的税收调节力度。这些政策综合起来,形成了对家庭可持续发展的综合保障,使得中国家庭在收入持续增长的同时,收入差距得到了有效控制。

二 家庭收入结构在优化

在确保家庭收入稳步增长的同时,还需要不断优化家庭收入的结构。家庭收入结构是否合理,会直接影响家庭可持续发展能力的培育成功与否,因此,它是研究和评估可持续发展的微观基础的重要因素之一。如据 2014 年的 CFPS 数据,可以分析中国家庭收入结构的基本情况。如表 2 - 1 所示,从全国总体上看,工资性收入是家庭收入的主要来源,占到总收入的 69.8%;转移性收入是家庭收入的第二大来源,占到总收入的 14.5%;包含农业生产收入的经营性收入占到总收入的 8.8%;财产性收入和其他收入所占的比例不高,均在 3.5% 左右。在收入结构上,农业家庭和非农业家庭存在一定的差异,相对于农业家庭,非农业家庭的经营性收入比重偏低,转移性收入比重偏高。无论是农业家庭还是非农业家庭，工资性收入占总收入的比重都很高，达到七成左右。所谓工资性收入，就是指家庭成员从事农业或非家受雇工作挣取的税后工资、奖金和实物形式的福利。由此可见，即便是农业家庭，也有家庭成员除了务农之外，到城市地区进行务工，获得工资。这说明，随着中国城镇化进程的加快，越来越多的农民通过到非农业领域就业的方式，获得了收入的增长。这是国家产业政策进行及时调整的必然结果，也是经济结构性调整使其更加可持续发展的必然产物。这种调整的结果是，农业家庭的收入更加多元化。这种调整和优化，为缩小城乡差距提供了现实的基础。

表 2-1 2014 年中国家庭收入的结构

单位:%，元

家庭类型	工资性收入	转移性收入	财产性收入	经营性收入	其他收入	合计
农业家庭	72.4	7.1	1.0	17.0	2.5	100.0 (37750)
非农业家庭	70.0	21.3	3.6	2.5	2.6	100.0 (55735)
全国	69.8	14.5	3.4	8.8	3.5	100.0 (46261)

数据来源：2014 年的 CFPS。

在中国，城乡家庭在转移性收入上存在较大差距，造成这种不平等情况的原因主要是城市居民享受的住房补贴、物价补贴等各种补贴，以及各种社会保险如医疗保险、失业保险、最低收入保障等，绝大多数农民都不能享受。为了扭转这种局面，中国政府持之不懈地推进城镇化建设，鼓励农民到城市就业与生活。在稳步推进城镇化建设的同时，中国政府积极通过收入分配制度的改革，加快缩小城乡收入差距的步伐。"十二五"以来，我国通过推进收入分配制度改革，实现了居民收入增长和经济发展同步、劳动报酬增长和劳动生产率提高同步。2015 年以来，央企降薪、机关事业单位工资调整、养老"双轨制"终结、农村教师迎来涨薪潮，这些重大举措都有利于增进中国家庭收入水平的提升、减少家庭收入差距。中国正在不断地做出努力以缩小家庭收入的城乡差异，其中，"十三五"规划中对户籍制度改革的建议强调了三中全会、国家城镇化规划中的相关内容，说明关于户籍制度的改革已经到了行动阶段，这一举措将尽可能地消除城乡收入不平等的情况，这样就意味着离收入平等的目标越来越近了。

发展中国家普遍存在着二元经济发展类型和阶段。[①] 作为世界最大的发展中国家，中国在二元经济结构的基础上进行可持续发展，所面临的挑战更大。总体来说，伴随着经济改革，中国家庭的收入也在发生着巨大的变化，家庭收入的结构也在不断优化，家庭财富在不断积累并通过代际传递的方式继续影响着下一代的财富分配。在这个过程中，社会结构、城乡差异和地区发展不平衡等宏观因素会加剧家庭收入的不平等，阻碍家庭可持续发展能力的提升。针对这样的挑战，中国政府积极从政策层面进行改革和顶层设计，确保在中国家庭收入稳步提升的同时，减少家庭收入的差距。对比 2010 年到 2014 年的 CFPS 数据，发现中国家庭的各项收入已经有了很大的增加。当然，解决收入不平等问题，无论在经济层面，还是在社会层面，都有极大的意义和价值。家庭收

---

① 蔡昉：《二元经济作为一个发展阶段的形成过程》，《经济研究》2015 年第 7 期，第 4~15 页。

入差距的持续扩大，对于可持续发展而言，是非常不利的。收入不平等既影响了自由竞争机制，阻碍了生产率的提高和经济的增长，又引发了社会矛盾，促使社会不稳定因素激化。在控制和减小家庭收入不平等上，中国政府把它当成确保可持续发展的重要大事，民生问题中的重要事情。中国政府在宏观层面和微观层面，进行了积极有效的改革，在不断增加家庭收入的同时，合理完善收入分配制度，强调收入分配的公平性，获得了良好的成效，积累了非常宝贵的经验。

三　地区间收入差距在改善

从 1978 年改革开放以来，中国地区之间的收入不平等程度在扩大。① 全国范围内有明显的条件收敛，这种地区收入不平等程度的扩大不仅会影响社会和政治的稳定，阻碍消除贫困的进程，而且会对经济与社会的可持续发展产生极为不利的影响。而条件收敛（Conditional Convergence），指的是在技术给定、其他条件一致的情况下，人均产出低的国家（地区），相对于人均产出高的国家（地区），有着较高的人均产出增长率，一个国家（地区）的经济在远离均衡状态时，比接近均衡状态时，增长速度快。② 由于不同地区在改革初期所面临的初始条件是不同的，因此，中国政府在开放次序上采取了逐步开放、梯队发展的策略，这种安排使得部分地区能够优先发展起来，但是也造成了不同地区在改革中所能

① 林毅夫等：《中国的经济发展战略与地区收入差距》，《经济研究》2003 年第 3 期，第 19～25 页。

② 彭国华：《中国地区收入差距、全要素生产率及其收敛分析》，《经济研究》2005 年第 9 期，第 19～29 页。

够获得的收益存在较大的差异。改革开放伊始，中国政府的经济政策便向东部沿海地区倾斜。5 个经济特区、14 个沿海开放城市都在东部，这些地方在财政政策上无论对外商还是对当地企业都非常照顾，使得东部沿海地区在改革开放初期得以吸引大量的外国资本，当地经济得到长足的发展。这使得东西部地区间的收入水平呈现较大差距，收入分配的不平等特征逐渐明显。目前，中国高收入群体依然集中在经济发达的东部地区，西部地区的收入水平较低。这种差距主要是由地区间资源分布不均、自然条件和地理位置有很大差异，各区所享受的政策存在差异，地区间经济结构差异等造成的。从可持续发展来看，地区间收入差距的加大，显然不利于整体经济与社会的可持续发展。因此，中国政府在确保总体经济增长的同时，及时出台了相关政策，来控制和减小地区间的收入差距，消除地区间的不平等现象。经过这些年的努力，地区间收入差距在缩小，地区间协调可持续发展机制在不断完善。

根据 2014 年的 CFPS 数据，得到表 2 - 2。如表 2 - 2 所示，总体来讲，中国地区间的收入不平等情况正在逐渐的改善。根据 2014 年的 CFPS 数据，把全国家庭总收入从低到高排序，将收入分为 4 个等级，从低到高每个等级包含 25% 的家庭。人均收入的等级划分与总收入相一致。从表 2 - 2 中的分区域数据来看，人均收入和家庭总收入在分区域的表现较为一致。中部地区的收入差距相对而言较小，东部和西部地区不平等程度较高。其中，西部地区的收入不平等情况最为严重，东部地区的收入不平等情况位于中部、西部之间。在人均收入方面，东部地区的收入分配较为不平等，其中低收入的家庭（最低 25%）所占比例较小，为 18.2%，低于全国水平，高收入的家庭（最高 25%）所占比例为 34.6%，远高于全国水平；中部地区的人均收入差距较小，其中低收入的家庭所占比例为 25.8%，基本接近于全国水平，高收入的家庭所占比例为 18.8%，低于全国水平；而西部地区低收入的家庭所占比例最高，为 37.4%，远高于全国水平，高收入的家庭所占比例为 12.4%，远低于全国水平。在家庭总收入方面，东部地区的收入分配较为不平等，其中低收入的的家庭所占比例较小，为 20.2%，低于全国水平，高收入的家庭所占比例为 31.5%，远高于全国水平；中部地区家庭收入的差距较小，其中低收入的家庭所占比例为 25.5%，基本接近于全国水平，高收入的家庭所占比例为 20.8%，低于全国水平；而西部地区低收入的家庭所占比例最高，为 33.3%，远高于全国水平，高收入的家庭所占比例为 16.2%，远低于全国水平。

表 2 - 2　2014 年中国分区域不同收入等级的家庭比例

单位:%

地　区	收入类型	最低 25%	中间 25%	次高 25%	最高 25%	合　计
东　部	人均收入	18.2	21.6	25.6	34.6	100.0
	全部收入	20.2	22.8	25.5	31.5	100.0
中　部	人均收入	25.8	28.5	26.9	18.8	100.0
	全部收入	25.5	28.0	25.7	20.8	100.0
西　部	人均收入	37.4	29.2	21.0	12.4	100.0
	全部收入	33.3	27.3	23.2	16.2	100.0

数据来源: 2014 年的 CFPS。

如表 2 - 2 所示，中国各地区内部存在收入不均等的现象。但是最严重的地区并不是经济特别发达的地区，而恰恰是平均收入水平最低的西部地区。这也说明了中国目前处于"库兹涅茨倒 U 曲线"的右半段，总体趋势是经济越发达的地区基尼系数越小，也就是说经济发展在一定程度上可以减小收入分配差距。[①] 在可持续发展上，中国采用了经济增长和社会公平兼顾的发展模式，所以在经济相对发达的东部地区，家庭收入差距反而比较小。与此同时，对于经济相对落后的中西部地区，中国政府通过西部大开发战略，使得经济发展重心逐渐往西移动。生产要素向欠发达地区转移，在促进这些地区经济成长的同时，也在减少其内部的家庭收入差距。这是一种地区之间协调的可持续发展道路，在这个过程中，先发展起来的地区要带动后发展的地区发展。在发达地区的工业化水平达到一定程度之后，政府则通过地区协调机制和政策的指引，激活发达地区对欠发达地区的所谓滴落效应和扩散效应，进而实现经济发展过程中的"涓滴效应"（Trickle - down Effect），最终缩小区域之间的差距，实现地区之间协调可持续发展。在这个思路的指导下，中国可持续发展经过 20 多年的实施、基本目标的实现、发展成果的积累，已经使得中国的地区差异在逐渐缩小，区域之间的经济发展水平逐渐趋于一致。

第二节　家庭支出与可持续消费

家庭的可持续发展能力，不仅包括收入，而且包括消费和支出。收入与支出，是家庭可持续发展能力的一体两面，是家庭可持续发展能力的不可分割的部分。消费是推动经济发展的重要因素之一，家庭消费情况能够直接反映家庭的可持续发展情况。中

---

① 吴正俊：《从库兹涅茨"倒 U 曲线"看我国居民收入差距走向》，《理论探讨》2007 年第 1 期，第 70～72 页。

国在实施可持续发展战略以来，一直致力于提高家庭和社会总体的消费能力，中国家庭居民的消费水平呈现持续提高的趋势，支出的结构也在进一步完善。这说明，中国政府在推动可持续发展的过程中，引导居民在扩大消费能力的同时，还逐渐调整和完善消费结构，改变生活方式，使得消费更加可持续，更加健康和环保。从宏观总体上来看，作为家庭生活水平标志的恩格尔系数（家庭食品支出占消费总支出的比例）进一步降低，中国的消费已经在总体上完成了从生存型向发展型的过渡，进入了大众消费阶段。事实上，经过这些年的发展，家庭消费在必需品上已经没有太明显的贫富差距了。即便是中高档商品，也可以在中产阶级家庭中普遍存在。从消费的层面来看，家庭之间的差距并不明显，社会更加平等。

一　向可持续消费转型

家庭消费和家庭收入存在着一定的联系，但是家庭收入差距的增加，不一定就会引发家庭消费差距的增加。[①] 中国家庭收入存在着差异，高收入家庭和中低收入家庭在消费上具有各自的特点。总体而言，家庭消费会随着家庭收入的增加而增加，但是增加的幅度不一定相当。家庭消费具有可持续性，一些家庭基本用品的消费，无论收入高低，都是需要确保的。这是因为，家庭消费的持续性是家庭可持续发展的体现和保障。家庭消费出现大幅度下滑，意味着家庭的可持续能力受到了严重的损害。中国家庭在消费上也日

①　D. Krueger, F. Perri., "Does Income Inequality Lead to Consumption Inequality? Evidence and Theory," *The Review of Economic Studies* 73 (2006): 163–193.

趋理性。随着中国普惠金融的不断普及，越来越多的家庭可以很便捷地通过民间或者金融机构获得消费贷款，因此，可以消除家庭收入波动对家庭消费的影响。这种平滑作用，使得中国家庭的消费更加可以预期，更加可持续。由于家庭消费对家庭可持续发展的重要性，因此，一般衡量家庭不平等程度，都从收入和消费两个方面来综合分析。[①] 随着中国家庭消费能力的提升，老百姓的消费意愿以及家庭消费结构成为家庭可持续发展的重要研究内容。

老百姓愿意花钱进行消费，说明他们对未来的预期是乐观的。所以，消费反映了对未来的预期。即便是在收入约束的情况下，家庭都愿意通过信用消费等方式进行消费，那么说明老百姓对未来经济与社会的预期一般是乐观的。中国政府在宏观上通过推动经济保持一定速度的增长的方式，一方面提高了家庭的收入，另一方面也提升了老百姓对未来社会的乐观预期。这两方面都促使了中国家庭消费支出的持续增长。如根据 CFPS 数据得到的图 2 - 2 所示，2010~2014 年的中国家庭平均总支出呈现线性增长趋势，从 31345 元增加到 57059 元，增加了 0.8 倍左右；居民消费性支出的变化趋势与家庭总支出较为一致，2014 年平均为 46072 元，相比 2010 年也增加了 0.8 倍左右。这说明中国家庭支出水平明显提高，经济与社会的活力依然很强劲。在这个过程中，政府积极引导和推广可持续发展的消费和生活模式，帮助家庭不断克服落后陈旧的消费观念，提升家庭消费的持续热度，使其发挥出更好更大的对社会再生产运行的促进作用。当然，随着互联网的普及和

---

① D. Johuson, T. Smeeding, *Measuring the Trends in Inequality of Individuals and Families: Income and Consumption* (Bureau of Labor Statistics, 1998).

通信手段的改进，人们的消费更加方便，消费结构更加全面完善、可持续化。在这种情况下，政府也因势利导，鼓励广大家庭通过互联网进行消费。近些年，互联网消费的零售额呈现显著增加的趋势，占社会零售总额的比重也在持续增加。

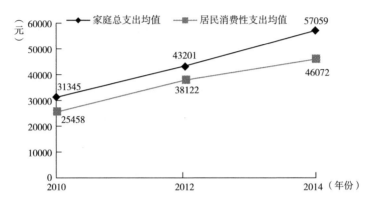

图 2 - 2 2010 ~ 2014 年中国家庭支出的变化情况

数据来源：2010 年、2012 年和 2014 年的 CFPS。

消费者在决策时常会受到多方面因素的影响，如个人兴趣（个人的口味、生活方式、个人偏好、从众心理等）和社会根源（文化、习俗、社会与自然环境、社会关系、攀比现象等）。这些因素都直接或间接影响着个人或家庭的消费观念，进而影响了消费者的具体消费行为。从可持续的角度来看，消费可以分为两类：可持续消费和不可持续消费。"可持续消费"一词的正式提出始于1994 年奥斯陆专题研讨会会议，1994 年联合国环境规划署（the United Nations Environment Programme，简称 UNEP）在肯尼亚首都内罗比发表了《可持续消费的政策因素》报告，首次将"可持续消费"定义为"提供服务以及相关的产品以满足人类的基本需求，提高生活质量，同时使自然资源和有毒材料的使用量最少，使服务或产品在其生命周期中所产生的废物和污染物最少，从而不危及后代的需求"。中国政府把扩大内需上升为国家战略，在确保消费增长的同时，也很重视可持续消费问题。从具体政策来看，中国政府的扩大内需政策，除了关注消费规模的增长以及当下消费增加外，还强调人与自然之间的平衡、不同地域之间的平等、不同阶层之间的平等以及代际平等。这是一种平衡的消费观，在推动消费增长的同时，兼顾消费的可持续性，使得可持续消费成为可持续发展的不可或缺的组成部分。

在引导家庭消费上，一方面，政府从消费的角度入手，拟定可持续消费的目标和发展路径，把可持续发展和可持续消费联系起来，鼓励家庭进行可持续消费。另一方面，政府还出台限制不可持续消费行为的政策，改变家庭陈旧的消费理念。在一些陈旧的消费理念的指导下，一些家庭错误地把物质消费看作个人成就和地位的象征，为消费而浪费被认为是美德，以消费数量来衡量成功，把成功等同于物质财富和消费方式，结果导致奢侈和铺张浪费，这对家庭与社会都有负面效应，不利于家庭的可持续发展。对于消费，政府通过各种宣导方式，积极引导家庭采用可持续消费的理念进行，政府的政策导向，也从生产方式的转变开始引导家庭消费向可持续性、生态性转变。当前的家庭消费模式受许多不同因素的影响，家庭收入的提高和生活方式的转变都可能影响家庭消费。在可持续消费理念的指导下，家庭消费不是满足于生活需求的消费，而是为了享受更高的、可持续的生活的消费。在这种家庭消费模式转变的过程中，政府的政策和措施是影响家庭消费模式的因素之一，政府通过政策导向和强制性的手段影响消费模式，促使越来越多的家庭采用可持续消费的方式，以最终建构一个基于可持续消费的可持续发展社会。

中国政府对家庭可持续消费的引导，产生了良好的效果。在西方发达国家中，家庭可持续消费需要量化管理。[①] 中国则采用了宏观引导和微观量化管理相结合的方法。在宏观层面，政府采用积极的财政和税收政策，确保家庭消费的可持续性。对于包括贫困户在内的低收入家庭，则通过低保、政府补贴等方式，避免其出现破产的局面，并通过外部帮助的方式支持这些家庭的正常消费，维持其继续运转。在微观层面，政府鼓励家庭成员掌握基本的理财技能，管控家庭债务风险，合理投资和借贷，确保家庭消费的可持续性。此外，还通过积极的法制建设，通过法令来严格限制不法所得者的挥霍性消费行为，对于举债不还的破产者，也要限制其消费水平。这些宏观和微观层面的举措，让家庭消费成为家庭正常生活的一部分，即良性可持续消费，而不是炫耀性消费。这样的家庭消费理念，不仅有利于家庭的可持续发展，而且有利于营造良好的社会氛围，对于社会可持续发展而言，具有非常积极的作用。

二　可持续消费的结构

可持续消费必须是发展的，也就是说，停滞的消费肯定不是可持续消费，唯有持续增长的消费才可能是可持续消费。1972 年，美国麻省理工学院的丹尼斯·麦多斯（Dennis Meadows）领导的 17 人小组，向罗马俱乐部提交了一份名为《增长的极限》的报告，提出了所谓的"零增长"理论。零增长论者主要从自然条件、资

---

① C. Sandra, B. R. Tomás and H. Donald, "Procedures and Criteria to Develop and Evaluate Household Sustainable Consumption Indicators," *Journal of Cleaner Production* 27 (2012): 72 – 91.

源、环境等方面论证经济增长的"极限"，或者从社会经济角度论证当下经济增长的代价太过巨大，因此是不可取的、不值得的。"零增长"理论虽然看到了传统经济增长方式可能带来的危害，但人类的出路不是"零增长"，而是可持续发展。同样，对于消费模式而言，任其发展可能会带来一系列重大危害，但消费的停滞绝不是可持续消费的本意。可持续消费对消费观念、消费习惯、消费结构、消费方式等提出了新的要求：既要反对过分节俭，只满足温饱而忽视消费的"发展性"；又要反对奢侈消费，特别是反对不加节制地只注重物质享受，忽视生态环境制约，忽视社会公正制约，即忽视消费的"可持续性"。1992 年，邓小平在南方谈话中提出了"发展才是硬道理"的命题，随后该命题成为中国可持续发展跨越"零增长"台阶的重要指导思想：无论是社会公平还是消费上的可持续，都需要建立在发展的基础之上。唯有通过不断地发展，才能不断提高社会公平程度，才能不断优化家庭消费模式，才能实现可持续消费和可持续发展。

中国在转变家庭消费模式上，已经取得了积极的成效。在 CFPS 数据中，家庭支出包括家庭总支出以及分类别的四大类支出，它们分别是居民消费性支出（包含食品、衣着、居住、家庭设备及日用品、交通通信、文教娱乐、医疗保健、其他消费性支出），转移性支出（包括家庭对非同住亲友的经济支持、社会捐助以及重大事件中的人情礼），保障性支出（包括家庭购买各类商业保险），建房购房贷款支出。如根据 2014 年的 CFPS 数据得到的表 2 - 3 所示，从全国的数据来看，家庭支出大部分为居民消费性支出，它占家庭总支出的 81.3%，其次是转移性支出，占家庭总支出的 14.0%，保障性支出和房贷支出所占比重为 1.9% 和 2.8%。

从家庭支出结构来看，农业家庭与非农业家庭之间并无显著差异。对于非农业家庭而言，更多的支出用在了居民消费上，其居民消费性支出占到了家庭总支出的 81.7%，比农业家庭的这一比重高 0.8 个百分点；农业家庭的转移性支出（包括人情往来支出）所占比重要高于非农业家庭 2.6 个百分点；农业家庭的保障性支出所占比重要低于非农业家庭 0.9 个百分点；在房贷支出上，农业家庭要低于非农业家庭 0.9 个百分点。如表 2-3 所示，中国家庭的转移性支出占总支出的比重还是比较高的。这说明中国家庭从过去的追求满足自己家庭的消费需求逐渐转变为追求适度消费，强调自己在适度消费的同时，把多余的收入通过转移性支出的方式，用于对他人和社会进行帮助。老子在《道德经》的第四十四章中指出："名与身孰亲？身与货孰多？得与亡孰病？甚爱必大费，多藏必厚亡。故知足不辱，知止不殆，可以长久。"中国家庭转移性支出比重大，充分说明了当前中国家庭已经贯彻了适度消费的理念，这种理念与老子的"知足不辱"思想有一脉相承的内在联系，是"可以长久"的可持续消费理念。

表 2-3　2014 年中国家庭支出的结构

单位:%，元

家庭类型	转移性支出	保障性支出	房贷支出	居民消费性支出	合计
农业家庭	15.6	1.3	2.2	80.9	100.0 (37750)
非农业家庭	13.0	2.2	3.1	81.7	100.0 (55735)
全国	14.0	1.9	2.8	81.3	100.0 (57387)

数据来源：2014 年的 CFPS。

表 2 - 3 中的数据表明，在各项支出上城乡之间还存在一些差异，当然，差异并不是很大。造成这种差异的原因是多方面的，长期存在的城乡二元结构、农村公共服务体系长期落后于城市，都会影响农村家庭的生活质量和消费结构。对于农业家庭而言，传统的乡土观念和习俗导致其在人情交往上的支出要高于非农业家庭，而在保障性支出上，由于受传统的消费观念以及受教育程度的影响，他们更多地愿意将收入变成其他的固定资产，不愿意在这方面有太多的支出。房贷支出上存在城乡差异是因为农业家庭一般是在具有一定经济基础条件下才有购建房的支出，所以相比非农业家庭他们并没有太多的房贷支出。为了进一步缩小城乡之间的家庭消费差距，政府也积极出台相应的政策，这些城乡协调的可持续消费促进政策包括以下方面内容。（1）加大对农村的资金投入。由于农业自身的脆弱性决定了农村居民收入的不确定性，因此政府不断加大对农业的资金投入、调整农业产业结构、加大对"三农"的扶持力度，以切实减轻农民负担，增加农民纯收入，进而增加农民的消费支出。（2）促进农村居民向非农产业转移，减少农村人口。由于技术的进步，生产力的提高，农业有大量的闲置劳动力。这就需要实现农村人口向非农产业的转移，剩余的劳动力可以外出打工或者兴办养殖场、从事农产品深加工等来提高收入。（3）健全社会保障制度。近年来，教育、医疗、农业服务的价格上涨较快，农民对未来支出的预期大大增加，加上未来收入的不稳定性，使得他们的即期消费支出进一步减少。建立农村社会保障制度，能有效地解决农村居民上学难、看病难、养老难等问题，解除农村居民消费的后顾之忧，稳定居民的消费倾向，促进储蓄转化为理性的投资与消费，增强我国城乡经济发展的动力。

三　可持续消费的地区差异

中国是世界上最早把消费和可持续发展结合起来的国家之一。早在 1994 年，中国政府就发布了《中国 21 世纪议程：中国 21 世纪人口、环境与发展白皮书》。白皮书指出，针对我国基本的人口、环境、资源状况，必须改变当前不可持续的消费模式，进行合理消费。2008 年 6 月，由中华人民共和国环境保护部、财政部，联合国环境规划署，欧盟委员会联合主办的"可持续消费国际研讨会"在北京举行，大会就可持续消费议题进行了深入讨论。十八大报告明确提出了"推动能源生产和消费革命，控制能源消费总量，加强节能降耗，支持节能低碳产业和新能源、可再生能源发展，确保国家能源安全"，以及"发展循环经济，促进生产、流通、消费过程的减量化、再利用、资源化"，这表明可持续消费已成为中国可持续发展战略的一个重要组成部分。可持续消费和生产、流通、家庭以及个人密切相关，为了引导社会各界进行可持续消费，中国政府还和社会各界举办了各种"可持续宣传"活动，号召和引导广大消费者绿色生活、智慧消费，将消费模式向更加可持续的方向转变。当然，在倡导可持续发展的过程中，中国政府充分考虑到国情特征，考虑到地区差异，根据地区的特点鼓励地方因地制宜地实践可持续消费，形成了具有中国特色的可持续消费模式。

这种中国特色的可持续消费模式的一个重要特点就是尽可能地协调地区之间的可持续消费，使得地区之间在家庭消费上的差距尽可能缩小，最终实现全国、全面的可持续消费。这是一种务实的消费转型道路，符合中国当前的国情。近 20 多年来，中国基础公共服务投入和城乡居民的支出都在不断增长，这得益于经济的发展和商业的繁荣。但在发展过程中，由于自然条件、政策扶植、历史因素等的影响，出现了明显的地区差异。这种地区间差异，在家庭消费上表现得很明显。为了维护和确保社会公平，提高社会的平等性，中国政府尽可能地实现消费上的平等，且已经取得了一定的成效。根据 2014 年的 CFPS 数据，得到表 2－4。把全国家庭总支出从低到高排序，将支出分为 4 个等级，从低到高每个等级包含 25% 的家庭。从表 2－4 中的分区域横向数据来看，东部地区的支出差距相对而言较小，中部和西部地区的支出不平等程度较高。其中，西部地区的支出不平等情况最为严重，中部地区支出不平等情况位于东部、西部之间。在家庭总支出方面，东部地区低支出的家庭（最低 25%）所占比例较少，为 23.4%，低于全国水平 1.6 个百分点，高支出的家庭（最高 25%）所占比例为 27.8%，高于全国水平 2.8 个百分点；中部地区的支出差距较大，其中低支出的家庭所占比例为 27.9%，高于全国水平 2.9 个百分点，高支出的家庭所占比例为 21.0%，低于全国水平 4.0 个百分点；而西部地区低支出的家庭所占比例最高，为 32.1%，高于全国水平 7.1 个百分点，高支出的家庭所占比例为 19.8%，低于全国水平 5.2 个百分点。

表 2－4　2014 年中国分区域不同支出等级的家庭比例

单位:%

地　区	最低 25%	中间 25%	次高 25%	最高 25%	合　计
东　部	23.4	23.4	25.4	27.8	100.0
中　部	27.9	25.9	25.2	21.0	100.0
西　部	32.1	25.9	22.2	19.8	100.0

数据来源：2014 年的 CFPS。

从表 2-4 中的纵向数据来看，在最低 25% 和中间 25% 家庭的总支出中，东部、中部、西部所占家庭比例依次增大；在最高 25% 和次高 25% 家庭总支出中，东部、中部、西部所占家庭比例依次减小，这反映了在较发达地区高支出家庭较多，在不发达地区低支出家庭较多。对比地区收入和支出数据，无论是收入还是支出，西部地区都是差距最大的。这是中国可持续发展所面临的重要挑战之一，在应对上，可持续消费首先需要解决如何缩小地区之间的消费差距问题。中国在解决这个问题上，一方面不断改变中西部地区传统的发展模式，不遗余力地促进这些地区经济结构的调整和社会转型，努力确保这些地区经济保持一定速度增长；另一方面则在不断扩大内需、刺激消费的同时，正视地区间业已存在的消费差距，积极引导和促进消费结构趋于合理化，树立可持续消费理念，构建可持续消费观，以最终实现地区之间均衡协调的可持续发展。这是中国从自己具体国情出发，根据经济社会发展情况所进行的可持续消费的理论和实践探索，积累了宝贵的经验。在理论层面，中国对地区间协调的可持续消费的内涵进行了界定，建立了可持续消费的原则和评价机制，构建了可持续消费的基础，探寻了地区协调的可持续消费的路径。在实践层面，因地制宜地引导当地家庭树立起可持续消费的观念，养成可持续消费的习惯，践行可持续消费的生活方式，建立可持续消费的制度保障。

第三节　特殊支出与可持续发展

经济学家安格斯·迪顿因为在消费、贫穷与福利领域的研究贡献获得了 2015 年度的诺贝尔经济学奖，他认为消费是评价社会公平的重要指标。事实上，消费公平是社会公平的重要体现；消费的不平等意味着社会的不平等。在家庭消费中，有一类消费的地位特殊，与社会公平的关系更为紧密。这类特殊的消费包括对食品、文化和教育以及医疗保健的消费。随着社会经济的发展，人们对劳务消费的需求在逐步增加。与人们日常生活相关的为基本生活服务的劳务将随着人们追求生活的方便、舒适而增加，如饮食、医疗等。同时人们越来越追求自身素质的提高，对精神文化服务、科技信息服务的需求越来越多。特别是进入知识经济时代，人们会越来越重视知识、文化、科技、信息在社会发展和自身发展中的作用。食品可解决人们的温饱问题，家庭在食品上的支出是家庭支出的最基本构成部分。文化与教育是为了满足人们自我提升的需要，而医疗与保健则是为了满足人们自我保护的需要。这三种消费支出可以客观反映一个家庭在社会中所处的地位。这类消费支出的平等程度，对于社会公平而言，意义重大。

一 绿色消费的兴起

根据联合国 2005 年发布的保护消费者准则中的定义，可持续消费包括经济社会和环境的可持续消费。家庭消费能力是经济增长和社会发展的重要支撑点。在可持续发展的框架下，中国正在积极寻找可持续消费的增长点，积极通过政策引导和倾斜来推动家庭消费向可持续的模式转型，以促进绿色消费的发展。在政策引导和社会宣导之下，越来越多的消费者开始崇尚绿色生活，产生了绿色消费需求。这种家庭消费模式的转变，可以从家庭消费支出上体现出来。如根据 CFPS 数据得到的图 2 - 3 所示，2010 ~ 2014 年中国家庭的各项支出的均值都呈现增长趋势，食品支出均

值增加了 0.8 倍，医疗保健支出均值增加了 0.4 倍，文教支出均值
增加了 0.3 倍。从增长率看，食品支出均值的增加率要显著大于文
教支出均值、医疗保健支出均值。具体来说，在食品支出上，2012
年平均增加了 6000 元，2014 年平均增加了 1200 元；在医疗保健支
出上，2012 年平均增加了 500 元，2014 年平均增加了 800 元；在文
教支出上，2012 年平均增加了 500 元，2014 年平均增加了 600 元。
这种趋势并非与恩格尔系数下降趋势相违背，之所以这样是因为家
庭消费模式从传统的消费方式转向了可持续的消费方式。当家庭食
品消费中的绿色成分越来越多时，食品的价格就会上涨，从而导致
食品支出的增加。

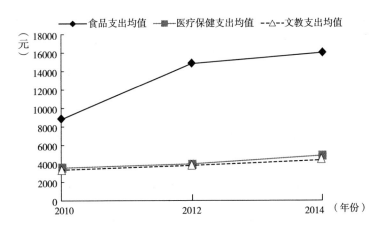

图 2 - 3　2010 ~ 2014 年中国家庭不同支出的变化情况

数据来源：2010 年、2012 年和 2014 年的 CFPS。

　　中国根据自己的国情逐渐稳步地推广可持续消费，并把可持
续消费纳入国家社会与经济发展框架之内，积极引导广大家庭采
用节能、环保的消费模式，即所谓的"绿色消费"。绿色消费是指
消费者对绿色产品的需求、购买和消费，是一种具有生态意识的、
高层次的理性消费行为。绿色消费是从满足生态环境需要出发，

以有益健康和保护生态环境为基本内涵，符合人的健康和环境保护标准的各种消费行为和消费方式的统称。从食品消费来说，绿色消费就是消费绿色有机健康食品。但是，由于这类食品产量低、人工生产成本高于普通产品、市场规模小，真正生产原生态食品的企业也比较少，因此供不应求，结果导致其价格较高。在家庭支出结构上，就会出现家庭食品支出占总支出的比重持续攀升的情形。这种趋势并不是因为食品的消费量在显著增加，而是因为食品的质在变化，普通的食品变成了绿色有机健康食品，家庭食品消费也从满足温饱变成了满足高层次需求。这种家庭消费模式的转变，体现了可持续消费的特点。当然，中国政府在引导家庭消费模式转型的过程中，为减少城乡差距，把城乡一体化的总体绿色消费和城镇化建设有机地结合了起来，催生出了多项国家政策，促进了绿色、低碳、循环发展，成果获得了国际社会的认可。例如，联合国开发计划署（UNDP）的《2013 中国人类发展报告》就曾提到："中国正在修改城市规划政策和实施新的重要举措，以在经济扩张中将其更多集中在可持续发展领域……资源消耗、能源安全和关键的环境问题越来越多地融会体现在城市规划中。"①

在家庭食品消费逐渐转向绿色消费的同时，具有保健性质的文化教育与医疗保健支出并没有因为绿色消费的增加而减少，即家庭绿色消费并没有对文化教育与医疗保健构成所谓的"挤出效应"。如图 2-3 所示，家庭文化教育支出占家庭总支出的比重在这些年中不但没有减少，反而呈现平稳上升的发展趋势。这说明

---

① UNDP（中国）：《2013 中国人类发展报告——可持续与宜居城市：迈向生态文明》，UNDP，2013。

除了物质生活质量提高外，中国家庭还有相当高的精神文化需求。同时，家庭医疗保健支出均值也呈现稳定增长趋势，这说明中国家庭居民的保健意识在不断提升，随着医疗保障制度的完善和居民医保制度的启动，居民的就医环境也得到不少改善，人们对自身的健康也越来越重视，各类健身器材、保健器材和滋补保健品等的消费水平提升，带动医疗保健消费快速增长，其在居民性消费支出中所占的比例也逐渐增加。中国家庭的这种消费模式的转变，与中国政府推出的相应引导政策有直接关系。随着"改善民生，建立健全基本公共服务体系"等相关政策的实施，医疗教育、社会保障等八大类重点民生工程项目在全国发展起来，使得家庭消费不平等的形势有了进一步的改善。公共服务体系的建设既能推动经济增长，又可以抑制家庭消费不平等程度的提高，是中国在可持续发展过程中总结出来的行之有效的宏观调控工具。

二　文化生态与卫生消费

过去，中国在"以效率优先"的经济目标指导下，采取东部优先、中西部次之的区域发展政策，使得各地区经济与社会发展具有明显的不平衡特征，导致地区之间在消费水平上具有较大的差异。这种差异不仅仅体现在食品的消费上，更体现在文化与卫生的消费上。可持续社会的建设，不仅仅要实现经济发展的可持续性，更要实现人与自然、社会的协调发展。对于个体而言，文化与卫生的消费是确保个体不断向前发展的重要支撑。为了全面实现可持续发展的各项目标，中国政府鼓励社会大众通过恰当的文化消费来丰富自己的精神生活，实现综合全面发展的目标。政府也通过公共资源均等化等具体的举措，不断缩小包括文化教育、卫生保健等在内的公共服务水平的地区差异，努力向公共资源地区配置的均等化目标迈进。"十三五"规划明确提出，进一步完善公共服务体制，加快推进区际基本公共服务均等化。逐步实现公共服务均等化，形成惠及全民的公共服务体系，是构建社会主义和谐社会的内在要求。实现区际基本公共服务均等化，需要不断完善相应的体制机制。在文化发展上，政府不断完善中西部地区的文化市场管理体制和机制，促进文化生产要素在不同地区和区域之间进行广泛而深入的合理流动，扩大更高层次的文化产品的供给。这些做法，对于减少地区之间在文化与卫生上的消费差距，产生了积极效应。

表 2-5 中的数据显示，不同地区之间在卫生和文化上的消费支出比重比较接近。可见，中国家庭在这些方面的消费支出比重虽然在东、中、西部地区之间存在着差异，但是，这种差异并不大。在医疗保健支出上，东部地区的比重最低，为 7.7%，西部地区的比重最高，为 9.5%，中部地区的比重介于二者之间，为 9.2%；在文教支出上，中部地区的比重最高，为 8.1%，西部地区的比重最低，为 7.2%，东部地区的比重介于二者之间，为 7.3%。也就是说，在医疗保健支出所占比重上，东部地区显著低于全国平均水平，其他地区都高于全国平均水平；在文教支出所占比重上，中部地区高于全国平均水平，其他地区都低于全国平均水平。这种卫生与文化上的消费模式，从一个侧面反映了中国在减少家庭消费的地区性差距上所取得的成绩。从医疗保健支出的比重来看，中部和西部比较接近，而东部偏低。这种消费模式与政府对中西部地区医疗卫生服务的补贴有关。为了改变这些地区医疗卫生相对落后的局面，政府在提供医疗卫生服务补贴时，充分考虑了这些

地区的特点，予以针对性的倾斜和扶持，使得这些地区的医疗卫生事业发展迅速，更多的家庭能够在政府补贴的支持下获得就医治疗的机会。从文教支出的比重来看，中部略高，而东部和西部差不多。这说明，中国家庭在文教上的消费比重比较接近，差距比较不明显。

表 2-5 2014 年中国家庭分区域不同支出及其占比情况

地 区	食品支出均值（元）	食品支出所占比重（%）	医疗保健支出均值（元）	医疗保健支出所占比重（%）	文教支出均值（元）	文教支出所占比重（%）
东 部	19008.5	29.4	4995.0	7.7	4712.1	7.3
中 部	13609.8	26.8	4802.9	9.5	4130.6	8.1
西 部	12542.3	25.3	4554.2	9.2	3545.0	7.2
全 国	15988.2	27.9	4821.9	8.4	4352.1	7.6

数据来源：2014 年的 CFPS。

美国人类学家朱利安·斯图尔德（Julian Steward）是最早把"文化"与"生态"两个概念整合在一起进行考察的学者。1955年，他在《文化变迁论》（*Theory of Culture Change*）一书中提出了"文化生态学"（Cultural Ecology）的概念，从文化生态变迁的角度研究了人类适应环境的过程，并倡导创立专门的学科，以解释那些具有不同地方特色的独特的文化形貌和模式的起源。[1] 文化生态与社会可持续发展具有密切的关系。中国是四大文明古国之一，具有悠久的文化。在建设可持续发展社会的过程中，中国积极挖掘文化的力量，把人、自然、社会、文化多方面整合起来共同推动社会的可持续发展。从微观家庭的层面，可以看到这种效果。地

---

① 〔美〕朱利安·斯图尔德：《文化变迁论》，谭卫华译，贵州人民出版社，2012。

区之间，文教支出占家庭支出的比重比较接近，从一定意义上说明了中国在文化生态上的建设所获得的成效，文化成为可持续消费生态中的一个重要组成部分，也成为平衡地区之间家庭消费的一个重要途径。这是因为文化往往是跨地区性的，所以文化的消费理念、方式也往往是跨地区性的。可持续的发展，不仅是经济的发展，而且同时还是文化的发展，是人的综合全面发展。中国家庭在文化教育上的消费增加，表明在人的发展上已经获得了长足的进步。由于人的发展是社会可持续发展的核心，所以中国家庭在文化教育上的支出，为中国可持续发展提供了重要的微观层面上的基础。

三　城乡协调的消费方式

美国学者比尔·麦克吉本（Bill Mckibben）在其著作《自然的终结》中强调："消费主义是到目前为止最强有力的意识形态——现在，地球上已经没有任何一个地方能够逃脱我们的良好生活愿望的魔法。"[1] 这是从全世界范围的角度来看消费行为的，看到的是消费主义在世界各个角落的盛行。但是，世界范围内的消费是非均衡的，世界各地的消费能力和消费方式也存在很大的差异。严重的消费不平等，意味着世界还存在严重的社会不平等。在中国，也存在类似的现象，如城市居民与农村居民之间在消费上往往存在比较大的差距。导致这种消费差距的原因是多方面的。长久以来形成的城乡二元经济体制造成城市对农村消费资源具有强制配置力。在优先发展重工业的战略主导下，通过价格剪刀差等

---

[1] 〔美〕比尔·麦克吉本：《自然的终结》，孙晓春等译，吉林人民出版社，2000，第15页。

形式，消费资源不断从农村流向城市，从而使城乡消费差距有扩大的趋势。而这种趋势既不利于城乡协调可持续发展，也不利于提高社会的公平程度。对于这种情况，若不加以有效控制，那么就会出现城乡消费两极分化的不利局面。这种城乡消费两极分化会带来各种弊端，会严重阻碍社会可持续发展的推进。城乡消费两极化，会增加城乡之间的社会对立，会造成社会成员心理的严重失衡。城乡消费的两极化还会导致社会整体的有效需求不足，影响经济与社会整体的可持续发展。

为了缩小城乡消费差距、提高社会的公平程度、实现城乡协调的可持续发展目标，中国政府出台了一系列政策，帮助提升农村的消费能力，引导形成城乡协调的可持续消费模式，目前已获得了一定的成效。根据 2014 年的 CFPS 数据，得到表 2－6。数据显示，2014 年全国家庭食品支出均值为 15988.2 元，占家庭总支出的 27.9%；医疗保健支出均值为 4821.9 元，占家庭总支出的 8.4%；文教支出均值为 4352.1 元，占家庭总支出的 7.6%。表 2－6 中的数据显示，城乡家庭各项支出之间有一定的差异。在食品支出所占比重上，农业家庭要低于非农业家庭 4.6 个百分点；在医疗保健支出所占比重上，农业家庭要高于非农业家庭 2.7 个百分点；在文教支出所占比重上，农业家庭要低于非农业家庭 0.5 个百分点。与全国水平进行对比，农业家庭食品支出占家庭总支出的比重 25.1% 低于全国平均水平，非农业家庭食品支出占家庭总支出的比重 29.7% 高于全国平均水平；农业家庭医疗保健支出占家庭总支出的比重 10.0% 高于全国平均水平，非农业家庭医疗保健支出占家庭总支出的比重 7.3% 低于全国平均水平；农业家庭文教支出占家庭总支出的比重 7.3% 低于全国平均水平，非农业家庭文教支出占家庭总支出的比重 7.8% 高于全国平均水平。这些数据说明，城乡在消费上依然还有一定的差距，缩小城乡差距还需更多努力。

表 2-6　2014 年中国家庭不同支出及其占比情况

家庭类型	食品支出均值（元）	食品支出所占比重（%）	医疗保健支出均值（元）	医疗保健支出所占比重（%）	文教支出均值（元）	文教支出所占比重（%）
农业家庭	11326.7	25.1	4515.5	10.0	3293.4	7.3
非农业家庭	21074.2	29.7	5160.3	7.3	5508.7	7.8
全国	15988.2	27.9	4821.9	8.4	4352.1	7.6

数据来源：2014 年的 CFPS。

当然，这种局面来之不易。中国政府在缩小城乡消费差距上投入了大量的精力。政府通过价格改革，不断缩小工农业产品交换价格剪刀差，使得农民的收入得到了提升，农民的消费能力得到了加强。这是利用价格手段缩小城乡消费差距的重要举措。同时，政府积极鼓励乡镇企业的发展，充分调动和发挥农村劳动力的优势，让农民有了更多的收入。在此基础上，政府大力推动城镇化建设，不断改革和完善劳动用工制度，建立城乡统一的劳动力市场，强化农村与城市的融合，无论是在生活方式还是在消费方式上，加快城乡之间的融合，形成城乡一体的可持续发展态势；进一步深化改革现有城市人口福利制度，变企事业单位福利制为社会保障制；无论是国有企业，还是城镇集体企业、乡镇企业、"三资"企业，一律实行同样的社会保障制度；完善各种社会保障制度，大力发展农村地区的教育与卫生事业，不断强化公共资源的均等化，缩小公共资源在城乡配置上的差距。在这个过程中，政府也应积极宣传可持续消费思想，提高城乡社会公众的可持续消费意识。政府应当通过电视、电台、报刊等大众传媒广泛宣传和普及文明、健康、新型的可持续消费模式，加强环保教育、人口教育，宣传可持续消费思想，加快农村地区的消费模式转型，提高社会公众的可持续消费意识。

小　结

减少社会不平等，首先是减少经济不平等。家庭是社会的细胞，家庭的可持续发展是社会可持续发展的基础。中国自实施可持续发展战略以来，不断通过宏观政策设计与微观家庭引导的方式，促进中低收入家庭的发展，减少城乡之间的家庭收入差距，减少地区之间的家庭收入差距。中国通过促进家庭收入增长的方式来减少家庭收入上的差距，是在发展中促公平，社会公平的提升又为经济与社会的发展提供了新的动力。这是一种良性循环，是中国可持续发展的基础。在不断缩小家庭收入差距的同时，中国政府也合理引导家庭的消费和支出，从消费面上进行引导，除了确保低收入家庭合理的消费之外，还同时鼓励高收入家庭在消费上不要铺张浪费，而是应当采用节约的消费方式。这些引导，从消费面上，减少了家庭消费之间的差距，为和谐与可持续发展社会的建设提供了重要的支持。除了食品消费之外，文化教育和医疗保健也越来越成为家庭消费的重要组成部分。这类消费，与个人可持续发展直接相关，与社会公平也直接相关，是社会可持续发展的重要体现。在这类消费上，政府除了通过财政、税收等政策，强化公共资源的均等化配置，确保所有家庭都能够平等享受均等化政策的益处外，还应合理引导家庭在这些方面上的支出，优化家庭的支出结构，提高家庭可持续发展的能力。这些举措，取得了良好的成效。

第三章　机会均等化和可持续发展

　　机会均等是可持续发展的重要内涵，也是全球可持续发展所追求的共同目标。《改变我们的世界：2030 年可持续发展议程》的共识文件涵盖了 17 个可持续发展目标，其中目标 10 强调"减少国家内部和国家之间的不平等"。要实现这个目标，机会均等很重要。因此，在该文件中也明确提到"到 2030 年，增强所有人的权能，促进他们融入社会、经济和政治生活，而不论其年龄、性别、残疾与否、种族、族裔、出身、宗教信仰、经济地位或其他任何区别；确保机会均等，减少结果不平等现象，包括取消歧视性法律、政策和做法，推动与上述努力相关的适当立法、政策和行动；采取政策，特别是财政、薪资和社会保障政策，逐步实现更大的平等；促进有序、安全、正常和负责的移民和人口流动，包括执行合理规划和管理完善的移民政策"。这是对机会均等的一些具体目标的描述，是世界各国共同努力的方向。公平与公正是人类社会的基本价值理念和基本行为准则，体现了人人平等的思想。人与人之间平等的关系是构建全球可持续发展的和谐社会的根基，而机会均等是实现社会公正的一个很重要的环节，特别是对当代世界来说，机会均等对全球可持续发展有很重要的现实意义，也是几千年来人类社会所共同追求的目标。当今世界，财富分配两极化现象让人与人之间的差距日趋明显。因此，强调机会均等就显得尤为重要。

均等不是平均，不是让世界上所有人都完全一样。均等并非要抹杀差异，而是强调每个人在发展机会上都拥有相同的权利。正如约翰·罗尔斯在《正义论》中所阐述的那样，机会均等原则，即机会公平、平等原则，要求具有类似天赋和才干又有相同意愿、付出同样努力的个体，在面对相同的社会职位和竞争机会时，能够拥有大致相同的成功前景。这样就有利于避免由某些偶然因素造成的职位分配有失公平的情况。差别原则强调的是尽可能地确保最少受惠者的最大利益，即只有在合乎处于社会最不利竞争地位的人的最大利益的情况下，经济利益分配的不平等才被允许，换言之，即社会在允许收入与财富的不平等时，必须最优先地考虑最弱势群体的利益。① 在现实世界中，机会均等包括教育机会的均等性、就业机会的均等性、社会保障机会的均等性等。在这些领域，能够更好地实现机会均等，而对于社会的可持续发展而言，机会均等具有基础性的推动作用。机会均等是现代社会发展的重要原则，是社会公平、公正的基础和保障，更是社会可持续发展的重要基础。在一个社会和个体差距普遍存在的世界，唯有不断提高机会均等化程度，才能更好地实现可持续发展的目标。

第一节　机会公平与可持续教育

教育不仅是对国家全体国民个人素质的保证，而且也关系国家的前途和命运，是一个国家可持续发展的重要推动力。在 21 世

---

① 〔美〕约翰·罗尔斯：《正义论》，何怀宏等译，中国社会科学出版社，2009，第 84 页。

纪,人才是最重要的,而人才的出现是与教育事业密不可分的,因此大力发展教育事业是中国倡导的主要政策之一。对于个人发展和成长而言,学校教育在很大程度上已经成为每个人实现自我价值的基础和前提,在这种情况下,"教育机会平等"就成了教育发展的核心议题。广义上,教育平等通常是指所有的社会成员在享受教育资源过程中有着相同的起点和机会。教育机会的平等大致可以包括以下四个方面的内涵:进入教育系统的机会均等、享受教育条件的机会均等、教育结果均等、教育对未来生活前景的影响均等。在现代社会,教育机会平等是教育公正的一项重要理念和准则。可持续发展理念的提出,给教育带来了前所未有的冲击,是机遇,更是挑战。中国自实施可持续发展战略以来,就开始探索如何使教育成为可持续发展的支持因素,教育被赋予了崭新的历史使命,被认为是决定人类生存命运的关键手段,而教育的机会均等则是教育发展的头等重要的大事。中国在大力发展教育事业的同时,不断提高教育机会均等程度,效果显著、成效明显。

一 可持续发展的人

从可持续发展的角度而言,教育的功能就是要为社会培养"可持续发展的人",这种人不是"单向度的人"。① 在可持续发展的框架中,学校教育的功能就是要使受教育者了解可持续发展的思想观念,构建起符合可持续发展的世界观与伦理观,形成人人平等的价值观,以及养成符合可持续发展要求的生活技能、生活方法和生活习惯。在这个过程中,教育机会均等是重点。教育不

---

① 〔美〕赫伯特·马尔库塞:《单向度的人》,刘继译,上海译文出版社,2006。

仅要使每个受教育者成为具有可持续发展意识和能力的"可持续发展的人",而且要使每个人都有接受这种教育的机会。这是一个问题的两个层面:其一是要确保所有人都有平等接受教育的权利,其二是在接受教育的过程中要培养其可持续理念、思维,将其培养成综合发展的人才。前者是教育机会公平问题,而后者是可持续教育问题。只有把两个问题整合起来,才能构成完整的教育可持续蓝图,教育才能真正为社会的可持续发展提供强有力的驱动力。过去,往往把教育机会均等和可持续教育割裂开来,结果两方面的工作无法形成有效的互补。中国实施可持续发展战略以来,把两者有机地结合在一起,在可持续发展过程中追求教育机会均等,用提高教育机会均等的途径为可持续发展提供新的动力,这是一种良性的循环,取得了良好的成效。

中国在可持续发展中追求教育机会均等,以发展来提高教育公平程度,使得在教育有所发展的同时,教育机会不均等的问题得到了有效缓解。教育机会不均等的一个很重要的体现是文盲率居高不下,这已成为可持续发展的"拦路虎"。中国通过实施九年义务教育和基本扫除青壮年文盲的战略,给予了社会每一位成员平等接受教育的机会,结果是,社会文盲率大幅度降低,不仅为中国可持续发展做出了重大贡献,而且为全球可持续发展做出了重大贡献,因为中国一度是世界上文盲人口最多的国家,所以中国的扫盲工作具有重大的世界意义。近些年来,中国文盲人数逐年递减,社会文盲率也持续下降。扫盲是确保社会每个成员接受教育的重要举措,充分体现了中国追求教育机会均等的努力。自新中国成立以来,扫盲就是教育工作的重点内容,文盲群体的大幅度减少是中国教育机会均等化所取得的重要成果之一。图3-1显示,中国大

专和本科学历人群的数量有了明显的增加，2010～2014年分别增长
了4个百分点和5个百分点。硕士生虽然依旧是社会的少数群体，
但是近几年这一学历水平的人群数量也在增加。这些结果都说明我
国人口受教育水平的重心有逐步上移的趋势。国家教育政策的逐渐
普及，让更多的人群有了接触更多知识、接受高等教育的机会，这
一情况较大地改变了中国人口文化素质的结构和水平。

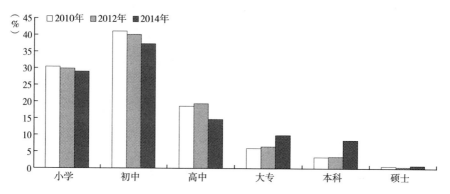

图3-1　2010～2014年中国教育发展及学历分布情况

数据来源：2010年、2012年、2014年的CFPS。

中国是一个发展中的人口大国，面临着一系列生态环境与社
会发展的矛盾，教育在可持续发展中所起到的支撑作用十分突出。
积极提高教育机会的均等程度，让社会每个成员都可以平等地接
受教育，不仅是中国可持续发展战略的内在需要，展示了中国对
世界庄重承诺的严肃态度，体现了中国对全球可持续发展共同行
动的责任感与使命感，而且是可持续发展理论与实践发展规律的
必然要求。如果一个社会存在着严重的教育机会不均等现象，那
么就会衍生出一系列其他类型的社会不公现象，社会内部的矛盾
就会激化，社会可持续发展就只能沦为口号了。由于政治和经济
的快速变迁，中国的教育机会分配方式经历了巨大的转变，这也

导致教育机会均等这一价值体系受到了一定的冲击，城乡之间、地区之间的受教育机会仍然存在一定的差异性，而家庭情况对受教育机会也会产生一定的影响。对此，中国政府把促进和保障教育机会均等作为教育决策的优先价值安排，并妥善处理好了教育机会均等与社会之间的关系，即教育系统内部公正和外部公正的关系，使得教育机会公平和社会可持续发展能够有机地结合起来。在可持续发展中追求教育机会公平，需要处理好社会公平的包容性和能动性。所谓包容性，即教育机会均等是整个社会公正目标实现的一部分。所谓能动性是指教育机会均等对整个社会公正目标实现的工具作用。

二　弱势群体的教育公平

教育机会均等问题，首先是弱势群体的教育问题。处于优势社会地位的家庭，其成员一般很容易获得接受教育的机会。但是，对于社会弱势群体而言，因为受到经济、社会、家庭等诸多因素的限制，不一定都能够获得平等的接受教育的机会。所以，对于教育公平问题，首先需要解决社会弱势群体平等接受教育的问题。随着中国教育规模的扩张，城乡居民的受教育水平逐年提高，但社会分层也日趋明显，教育机会不均等问题也暴露了出来。城乡的教育公平问题主要体现为城乡孩子可利用的教育资源和所接受的教学质量之间有着很大的差异，在优势学校的选择以及优势班级的选择上存在机会差异。从表 3-1 可知，在不同阶层的家庭中，孩子受教育的机会往往存在明显的差异。城市与农村的孩子就读的学校性质没有很大的差异，98% 以上的孩子就读于普通学校，在打工子弟学校和国际学校的孩子所占比例非常小。但在学校类型上，城市的孩子就读于示范学校的比例比农村的孩子多6.9个百分点。在班级选择上，除了一部分孩子选择的学校无重点班和非重点班之分外，城市的孩子就读于重点班的比例为21.5%，而农村孩子就读于重点班的比例为18.8%。这些微观家庭数据表明，当前中国教育差距还依然存在，教育机会均等已经不是能否接受教育的问题，而是接受何种质量教育的问题。随着义务制教育的全面普及，中国基本上做到了人人都能接受教育。但是，所接受教育的质量是不同的。中国在大力实施教育资源均等化的同时，也努力通过收入分配制度的改革来缩小家庭之间的收入差距，同时增加对社会弱势家庭的补助和支持力度，以努力实现教育机会在质和量上的均等。

表3-1　2014年中国不同户籍家庭的孩子就读学校情况

单位:%

项　　目	细分项目	农　村	城　市
就读学校性质	普通学校	98.1	98.4
	打工子弟学校	0.4	0.5
	国际学校	0.2	0.2
	其他	1.4	0.9
学校类型	示范	36.4	43.3
	非示范	63.6	56.7
班级类型	重点	18.8	21.5
	非重点	44.4	46.4
	就读学校无重点班和非重点班之分	36.8	32.1

数据来源：2014年的CFPS。

在当今社会中，弱势群体已不仅指传统意义上的老弱病残群体，而且还包括在社会竞争中处于失业、贫困、孤立和边缘化状态的人。这些人所处的家庭，一般是弱势家庭，其子女在接受教育上，很难和别人竞争，从而形成所谓的教育领域弱势群体。这类群体在获取教育机会、享受教育权利和教育资源方面总是处于相对不利的境地，一部分弱势群体子女受家庭环境、社会地位等客观因素的影响，在学习和交往上存在困难，以及有心理困扰等问题。在实施可持续战略以来，中国政府在解决弱势群体教育公平问题上投入了大量的精力和财力，相继出台的一系列政策、法规都覆盖到弱势群体，尽最大可能保障弱势群体平等接受教育的权利。这些政策包括不断优化教育资源配置，保证偏远贫困的农村地区、少数民族地区在适龄儿童生活的范围内集中配备教学点，使其有学可上；逐步缩小地区间、城乡间教育资源配置和教育教学质量差距，加强对薄弱地区教育的投入，实行教师和教育资源的合理流动；政府对残障儿童就学必须加以特殊照顾，给予财政补助，减轻家庭负担；改革和完善农民工子女就学的各项制度，充分保障进城农民工子女的就学权利。这些具体的举措，在一定意义上，改善了当前教育机会不均等的局面，在相当程度上保障了弱势群体平等接受教育的权利。

正如罗尔斯所说的："为了平等地对待所有人，提高真正的同等的机会，社会必须更多地注意那些天赋较低和出身于较不利的社会地位的人们。这个观念就是要按平等的方向补偿由偶然因素造成的倾斜。遵循这一原则，较大的资源可能要花费在智力较差而非较高的人的身上，至少在某一阶段……是这样。"[①] 中国政府

---

① 〔美〕约翰·罗尔斯：《正义论》，何怀宏等译，中国社会科学出版社，2009，第 101 页。

除了直接帮助弱势家庭之外，还积极营造一种良好的社会氛围，帮助弱势家庭的子女更好地接受教育。政府通过正面的社会宣导，唤起全社会对弱势群体予以重视和帮助的意识和责任感，通过互帮互助的方式，缩小教育差距，让社会弱势群体也能同等地享受到社会进步与教育发展的好处。同时，政府还不断提高全社会成员的整体素质，进一步推进区域社会、经济、生态环境的可持续发展，为弱势群体的教育与发展提供了一个良好的外部环境。事实上，这两者是相辅相成的。社会弱势群体能够得到平等的教育与发展机会，那么他们就可以摆脱弱势的社会地位。这种社会地位从弱变强的转变过程，其实就是社会可持续发展不断推进和深入的过程。

三　缩小地区间教育差距

2015 年底，联合国教科文组织出版了最新研究报告《反思教育：向全球共同利益的理念转变》。报告明确指出："对于可持续发展的向往，迫使我们必须要解决一些共同的问题，消除普遍存在的矛盾，同时拓宽视野。经济增长和创造财富降低了全球贫穷率，但世界各地的社会内部以及不同社会之间，脆弱性、不平等、排斥和暴力有增无减。不可持续的经济生产和消费模式导致全球气候变暖、环境恶化和自然灾害频发。"面对这些挑战，教育机会均等被视为减少全球不平等程度、让世界发展可持续的重要支撑。世界各国也无不大力发展本国的教育，并致力于不断提高学校教育机会的均等程度。最后报告得出这样的结论："要在相互依存日益加深的世界中实现可持续发展，就应将教育和知识视为全球共同利益。"但是，教育机会均等不能仅仅体现在学校教育上。由于家庭情况不同，家庭所能承受的教育支出是受到家庭收入的约束的。富裕家庭除了能够尽可能把孩子送到好的学校去接受教育之外，还会支付不低的费用送孩子去接受课外辅导。家庭课外辅导支出，已成为家庭教育支出的重要组成部分，而且所占比重在不断增加。在这种情况下，孩子在课外辅导上的机会均等就会受到挑战，不同家庭的孩子接受课外辅导的机会具有明显的差距。

课外辅导具有"补习性"和"私人性"，其费用一般由家庭私人承担。① 由于这一部分的教育机会是家庭自愿为孩子提供的学习机会，因此它能够体现家庭情况对教育机会的影响。在《私人教育投入差距挑战教育公平》一文中，顾佳峰指出当前中国在家庭教育投入上所存在的明显差距，根据 2012 年的 CFPS 数据估算，1 个上海女孩一年的教育花费等于 7 个甘肃男孩一年的教育花费之和。② 因此，家庭因素导致的教育机会不均等现象，在中国也日趋明显。表 3-2 显示，孩子接受辅导培训的机会存在着一定的地区差异。其中，西部地区家庭中的孩子接受辅导培训的比例最小，仅为 5.1%，每周参与培训的用时也是最少的，平均为 4.85 小时。东部和中部家庭中的孩子接受培训辅导的比例差异不大，但东部更多一些，为 12.8%。在培训辅导时间上，中部家庭中的孩子平均每周接受培训辅导的时间最长，为 8.26 小时。家庭孩子群体中的培训时间差异较大，说明孩子们能够接受的课外辅导的情况不尽相同。这说明不同地区之间在课外辅导上存在的差距还是很明

---

① 〔英〕马克·贝磊等：《教育补习与私人教育成本》，杨慧娟等译，北京师范大学出版社，2008，第 104~105 页。

② 顾佳峰：《私人教育投入差距挑战教育公平》，《东方早报》2014 年 4 月 8 日，第 B07 版。

显的。导致这种差距的原因是多方面的，社会、经济、习俗等宏观因素和家庭、父母期望、孩子意愿等微观因素都会影响地区之间在课外辅导上的差异。无论何种因素的影响，其结果是相同的，就是除了学校教育的机会不均等之外，目前学校之外教育机会的不均等已经对教育机会均等构成了重要的挑战。

表 3 - 2　2014 年中国不同地区家庭孩子接受课外辅导的情况

单位:%，小时

地 区	接 受	未接受	平均用时	标准差
东 部	12.8	87.2	5.20	4.57
中 部	12.1	87.9	8.26	10.08
西 部	5.1	94.9	4.85	3.83

数据来源: 2014 年的 CFPS。

中国经济的发展，使得广大孩子受教育的权利获得了保障。随着家庭收入的提高和家庭经济条件的改善，越来越多的家庭让其子女参加课堂外的教育辅导，希望能够使他们获得更好的成绩。这种课外辅导的需求，是家庭经济条件改善的必然结果。随着经济的发展，中国家庭可支配收入越来越高，家庭消费的模式也逐渐在发生着改变。除满足购买食物等必需品开销外，更多的家庭选择了教育投资，将越来越多的钱投入孩子的学习和教育中。这是一种投资于未来的家庭消费观，表明家庭消费更趋成熟。但是，课外辅导可能会加重教育机会的不均等程度。对此，政府实施了积极引导的政策，合理引导课外辅导资源在地区间均衡配置，以使得不同家庭背景的孩子都有机会参加适合自己的课外辅导学习。政府的政策主要从两方面来贯彻：一方面积极优化体制内教育资源的合理配置和空间布局，使得所有家庭的孩子都可以平等地拥有接受学校教育的机会；另一方面则积极利用政策和市场的力量，对课外辅导机构加以监督、规范和引导，使得课外教育服务能够满足不同家庭背景的孩子的需要，让所有家庭都能够消费得起。这些政策和举措，不仅对提高学校教育机会的均等性有帮助，而且对实现课外辅导的机会均等也起到了积极作用。

第二节　工作机会平等

罗尔斯所指的公平不是指公民个人的地位、财富的结果状态，而是指每个人都平等地享有社会提供的种种机会，即即使社会和经济不平等，但职位在机会均等条件下对所有人开放。在机会平等这一价值体系中，工作机会平等是非常重要的一个部分。工作机会指的是得到就业的机会、得到职业培训的机会等，而工作机会平等指的是能够拥有相同的工作资源，实现工作起点和工作过程两方面的公平。中国是一个人口大国，劳动力资源非常丰富，但与此同时，就业问题也成了一个十分困扰的问题。总体而言，当前就业形势比较严峻，社会劳动力的供给大于需求，就业竞争非常激烈。中国政府对工作机会平等这一问题给予了很多的关注，早在党的十六届五中全会通过的《中共中央关于制定国民经济和社会发展第十一个五年规划的建议》中就强调指出："应注重社会公平，特别是要关注就业机会和分配过程的公平。"在具体实施中，强调就业机会向具备岗位合理底线要求的所有人充分而平等地开放。强调和落实就业机会均等，是实施可持续发展战略的重要组成部分。就业机会不均等，会导致社会就业机会向部分社会成员倾斜，导致收入在社会成员之间的分配呈现不均衡性，对于可持续发展而言，这显然是极为不利的。因此，可持续发展需要给予每个社会成员公平就业的机会，使之能够平等地在劳动力市场中进行竞争，平等地获得就业机会。

一 缩小城乡就业差距

中国面临着转型和发展的双重任务，一方面要从计划经济向市场经济转型，另一方面要确保经济可持续发展。在这个过程中，由于历史、资源禀赋、政策等各方面原因，城乡发展呈现明显不均衡的特征。城乡本身发展的不均衡，进一步导致城市居民和农村居民在很多机会的享有上有所差异，其中在就业上，城乡差距比较明显。如图 3-2 所示，2010~2014 年，农村和城市的就业形势发生了一定的变化。2010 年，城市有工作的群体所占的比例为53.6%，而农村有工作的群体为 46.3%，农村居民中无业人员占总体的比例比城市多 7.3 个百分点。在这一阶段，城市居民在就业机会方面相比农村居民有更多的优势。2012 年，农村就业群体占总体的 59.0%，比城市多 5.4 个百分点，城市无业人员占总体的比例比农村多 5.4 个百分点。到 2014 年，农村就业形势相比城市而言又有大幅度的好转，农村有工作的群体占总体的比例比城市多 9.6 个百分点。近几年，中国农村劳动力供求形势发生着巨大的变动。改革开放以来，随着经济社会环境的发展变化，城市成为经济发展的核心区域，对劳动力的需求也不断增加，而与城市形成鲜明对比的农村则由于就业空间局限，导致大量农村人口向城镇转移就业。中国的可持续发展，和城镇化建设是互相呼应和互补的。可持续发展，强调城乡协调的发展，而小城镇建设则一方面解决了农村人口的就业困境，另一方面也带动了城镇经济的进一步发展，因此为可持续发展提供了新的突破口，也大大增加了农民的就业机会，缩小了城乡在就业机会上的差距。

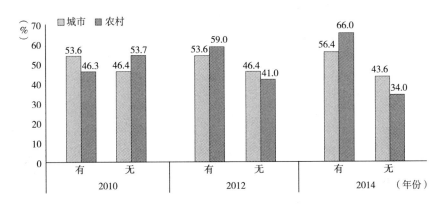

图 3－2　2010～2014 年中国城乡就业的差距

数据来源：2010 年、2012 年、2014 年的 CFPS。

在就业机会均等上，中国政府不断完善就业制度，加强职业信息共享建设，发展职业介绍、职业培训、职业设计等，更重要的是创造了更多的就业机会。也就是说，中国是在发展中追求就业机会均等的，通过不断创造出更多的就业机会来给予更多人平等获得就业的机会。根据中国劳动力市场供给偏大的特点，政府在增加就业机会上，大力发展服务业、个体工商业等，同时通过"大众创业、万众创新"的"双创"活动增加城市居民和农民的就业机会。此外，在劳动力市场上逐步消除劳动要素在城乡之间、地区之间的机会不平等，逐步打破户籍管理制度，做好各项宣传工作，转变就业、录用人员的传统观念，分步骤建立全国统一的劳动力市场，使广大农村居民能与城镇居民有平等的机会参与就业岗位的竞争，扩大了农村劳动者的就业机会。同时，政府积极完善配套制度的改革和建设，实施对农村劳动力有利的各项财税政策，在农村稳步推广农村税费改革，清理对农民的不合理收费，逐步降低农民的税费负担，让农民能够卸下包袱去找工作。在城镇地区，政府则通过整顿对进城打工农民的各项不合理收费，保证进城打工农民受到公正、公平的国民待遇，确保农民工的各项权利能够获得保障，让农民工在劳动力市场上不再受到歧视和区别对待。

解决城乡就业冲突是中国可持续发展过程中所需要面对的问题。在一些城市，依然存在对外来农民工的歧视行为，当地政府通过行政手段制定了各种政策措施来限制、排斥外来农民工进城就业。面对当前农村劳动力就业机会出现的诸多不公平现象，政府应不断出台及完善就业的相关法律，规范就业市场，使农民求职处在法律的保护之下。政府应逐渐取消对竞争性行业的就业保护，让劳动力市场能够充分竞争。从长远着眼，政府应积极培育和完善城乡统一的劳动力市场，按照统一的劳动力市场的要求，改革国有企业的用工制度，建立和完善平等竞争的市场机制，努力完善就业市场，提供就业岗位，尽量通过市场配置来解决下岗职工的人力资源利用问题；加大对农村小城镇基础设施建设的投资，提高小城镇的社区服务质量，吸引劳动力向小城镇聚集从而减缓大城市的压力。这些改革措施，有助于打破地方在就业上的保护主义，形成城乡统一的劳动力市场，让农村和城市劳动力能够在市场中站在同一个起点竞争，为劳动力市场的公平竞争创造条件和氛围。在平等竞争的环境下，获得就业职位的最主要因素是自身的能力和素质，不应因出生地、家庭背景、经历等不同而失去相同的就业机会，但是允许在合理范围内因为劳动者自身能力和素质的不同而出现有差别的就业结果。这是就业机会均等的体现，即在就业机会面前，人人平等。

二　消除性别歧视

歧视是劳动力市场上存在的难题，它的存在降低了劳动力市场的效率，阻碍了劳动力资源价值最大限度的发挥，因此一直都是劳动经济学研究的热点问题，也是实现就业公平需要破解的难题。在各种就业歧视中，性别歧视是普遍存在的一种现象，它体现在就业的不同阶段，如就业机会歧视、就业后工资收入的歧视、晋升过程中的歧视等。就业性别歧视是一个世界性的问题。在中国，由于历史传统的影响和社会经济现实的制约，在一定范围内存在就业性别歧视。随着就业形势的日趋严峻，劳动力市场供求关系失衡，形成劳动力买方市场，就业性别歧视则有公开化、多样化的趋势，并呈现较为严重的态势。这种劳动力市场上的就业性别歧视，不仅违反宪法的平等原则，而且与社会的可持续发展发展目标相悖。因为只要存在歧视，社会就不公正，不公正的社会就不会和谐，就不可能是可持续发展的社会。中国在可持续发展过程中，向来重视就业的性别平等，保障女性在劳动力市场中具有与男性同等的地位。政府在制定改善就业环境的政策中，历来重点关注能够消除就业歧视的政策，使女性能够得到更为公平的就业权利。此外，相对而言，女性的教育水平低于男性，这也是引起就业性别差异的原因之一，因此政府应加大对女性的教育投入和职业培训力度，提升女性的人力资本水平。这些政策和举措，在一定程度上缩小了男性和女性在就业上的差距。

从地区来看，不同地区的就业性别差异程度有所不同。从表3-3中可以看出，中国各个地区的就业情况都有一个共同的特点，那就是女性的就业率低于男性。东部男性的就业率比女性多25.1

个百分点，中部男性的就业率比女性高 23.4 个百分点，而西部男性的就业率比女性高 21.9 个百分点。而对各个地区进行比较的话，可以发现，西部地区的总体就业情况优于东部和中部，西部地区女性的就业率为 51.4%，而东部和中部的女性就业率只有 49.5%和 44.3%。西部男性的就业率较东部低一些，但是比中部高 5.6 个百分点。从这一数据结果可以看到，在就业机会这一问题上存在很明显的性别差异。在工作中不可忽视的生理身份之一就是性别，在目前的雇佣领域中，它仍旧是一个会造成不平等的重要因素。虽然在法律上女性的工作权益是受到保护的，但从实际的社会操作和结果来看，女性仍旧面临着由于机会不平等而导致的结果不平等。此外，地区之间的就业机会差异不是特别明显，但是西部男女就业形势较好，这与经济发展的区域分布是分不开的。这说明各地区男性和女性的就业差异存着明显的不同，性别就业歧视程度也有所不同。性别就业歧视与区域经济、社会发展水平有一定的关系，因此政府在设计和实施消除就业歧视的公共政策时，综合考虑了区域经济的差异性，使得地区内部以及地区之间尽可能地缩小了就业性别差距，进而实现了全局意义上的就业机会均等化。

表 3-3 2014 年中国各地区不同性别群体的工作情况

单位:%

工作状态	东 部		中 部		西 部	
	女	男	女	男	女	男
有	49.5	74.6	44.3	67.7	51.4	73.3
没有	50.5	25.4	55.7	32.3	48.6	26.7

数据来源: 2014 年的 CFPS。

联合国《消除对妇女一切形式歧视公约》第十一条第一款规定：就业性别平等指两性平等享有就业机会；平等享有晋升、培训等机会；同工同酬；平等享有社会保障的权利，特别是在养老、失业、疾病、残疾和老年或其他丧失工作能力的情况下，以及享有带薪假的权利；在工作条件中享有健康和安全保障。根据该定义，就业性别平等权利的外延是较广的，除平等的晋升和培训机会、同工同酬、健康和安全保障之外，两性平等地享受社会保障权利也是就业性别平等的重要内容。在中国，就业性别差异主要是在转型过程中出现的，当前依然存在着一定的挑战。进入 21 世纪，就业歧视问题已成为社会各界广泛关注的问题。[①] 过去，在计划经济时期，国家对城镇劳动力的就业和工资实行统一的计划管理，性别歧视和就业差异是不存在的。然而，随着经济体制的转型和劳动力市场改革的深化，城镇劳动力在就业机会、工资收入等一系列劳动力市场表现中都出现了差异，性别歧视问题逐渐公开化。女性劳动者在工资报酬上，也明显比男性劳动者要低，即存在明显的性别工资差距。[②] 男女平等一直是中国倡导的一项重要国策，不过，尽管法律明确规定男女具有同等的劳动权利以及获得报酬的权利，但在现实的劳动市场资源配置中，对女性的歧视和制约仍旧存在。中国目前的就业性别平等立法以及具体制度保障与过去相比，有了很大的进步，相关条款被写入了《宪法》、

[①] J. Lu, "Employment Discrimination in China: The Current Situation and Principle Challenges," *Hamline Law Review* 32 (2009): 133 – 190.

[②] W. Chi, B. Li, "Trends in China's Gender Employment and Pay Gap: Estimating Gender Pay Gaps with Employment Selection," *Journal of Comparative Economics* 42 (2014): 708 – 725.

《妇女权益保护法》、《工会法》、《劳动法》、《就业促进法》和《社会保险法》。总体而言，就业性别歧视得到了很大的改善，对可持续发展也产生了积极的作用。

三　就业的公平性

随着中国实施的经济结构的战略性调整的不断深入，待业人口剧增，过去的"隐性失业"逐渐显性化，就业矛盾也比较尖锐。待业率上升可能加剧城市贫困现象的发生和蔓延，不利于社会可持续发展。如果待业人数长期维持在较高水平，这一问题将成为政府主要担忧的社会问题之一，社会矛盾因此而容易激化，社会可持续发展就很难推行。找不到工作的原因是多方面的，也会随着人口结构、社会观念、教育程度等不同呈现明显的城乡差异。如表 3-4 所示，从对找不到工作的原因的分析结果来看，学历过低对城市务工者找工作的影响占 58.5%，比对农村务工者就业的影响大 17 个百分点。而学历过高在城市务工者和农村务工者就业过程中的影响没有什么差异。在城市就业中，对专业对口的要求高于农村，有 59.1% 的群体找不到工作是由于专业不对口。值得关注的是，性别歧视这一问题对城市务工者就业机会的影响较小，仅为 21.0%，而在农村，性别歧视对就业机会不平等的影响很大，高达 79.0%。虽然这可能是由于农村对女性歧视的传统观念更加强烈导致的，但也可能与农村经济发展和劳动力需求有关。城市中因年龄问题和外貌、疾病等问题而找不到工作的群体分别占 72.9% 和 62.5%，远多于农村群体。而对于由于在等待更好的就业机会而至今无业的人员比例，城市为 55.3%，农村为 44.7%。

表 3-4　2014 年中国城乡务工者找不到工作的原因情况

单位:%

原　因	城市务工者	农村务工者
学历过低	58.5	41.5
学历过高	50.0	50.0
专业不对口	59.1	40.9
缺乏社会关系	61.1	38.9
性别歧视	21.0	79.0
年龄不合适	72.9	27.1
身高、外貌、疾病等歧视	62.5	37.5
等待更好的工作机会	55.3	44.7

数据来源:2014 年的 CFPS。

就业机会均等意味着从失业到再就业的机会也应该是均等的。也就是说,对于失业者而言,社会应该给予其同等再就业的机会。但是,由于失业者个人的背景、工作经历以及社会关系等的不同,他们在再就业的过程中,往往会遭遇不同的境遇。总体而言,如表 3-4 所示,影响城市务工者和农村务工者就业机会的主要因素有学历、专业、社会关系、生理因素以及自身想法五个大的方面。由于城市经济发展水平更高,除了城市本身的新增劳动力在不断增加以外,还有很多的农村劳动力迁入城市,这使得城市的就业竞争非常激烈,因此城市工作岗位的条件也更加的苛刻。拥有高学历、更多的社会关系、专业与社会需求更加匹配并且拥有外貌和年龄优势的群体能够获得更多的工作机会。但是在城市中,工作机会对不同性别的群体是平等的,相比而言,农村的性别歧视现象非常严重。这说明,失业者在找寻新工作的过程中,往往会被区别对待,并不能确保有同等再就业的机会。再就业机会的不均等在达到一定程度就会对社会可持续发展产生严重的阻力。再就业机会不均等会造成劳动力资源的浪费，扩大收入差距，加剧两极分化，还会形成巨大的社会政治压力，引起政治上的不稳定和风险。在再就业过程中，还会出现"人力资源失灵"的情况，需要政府特别注重对下岗职工转业转岗的培训，以增强其在就业市场上的选择能力，帮助他们走出生活逆境的阴影。①

随着"隐性失业"的显性化，政府需要不断通过政策设计与调整，来跟上社会可持续发展的步伐，并为可持续发展提供良好的条件。在再就业政策上，在强调效率的同时还应高度重视社会公平。政府对待业者所实施的政策，不会因为其"出身"的不同，而使他在享受就业与再就业优惠政策上"待遇"不同，而是应做到尽可能地一视同仁。政府也应不断完善各项再就业政策，使更多的人享受到政策的优惠，促进就业与再就业工作不断上新台阶。帮助失业者重新找到工作，不仅仅体现了政府的善政，更是社会可持续发展的必然要求。美国著名经济学家阿瑟·奥肯于1962年提出了著名的"奥肯定律"，该定律论证了失业率与国内生产总值增长率二者呈反方向变化的关系：经济增长速度快，对劳动力的需求相对较大，就业水平高，失业率低；经济增长速度慢，对劳动力的需求相对较少，就业水平低，失业率高。中国政府在帮助失业者找寻新工作时，从发展的角度来设计和完善各项就业与再就业政策，以发展来带动再就业，并让包括失业者在内的社会全体成员都能及时享受到发展所带来的益处，实行就业与再就业优惠政策的"普惠制"，使更多的有就业能力和有就业愿望的就业困难

---

① 李培林、张翼：《走出生活逆境的阴影——失业下岗职工再就业中的"人力资本失灵"研究》，《中国社会科学》2003 年第 5 期，第 86~100 页。

人员得到优惠、实现就业。这是一种可持续的再就业政策，在体现了效率的同时还强调了公平。

第三节　社会保障机会平等

社会保障是以政府为主体，依据法律规定，通过国民收入再分配，对遭遇到各种风险而处于困难之中的社会成员给予及时的帮助，以保障其基本生活，同时通过福利项目提高全民生活水平和生活质量的一种社会福利制度。中国政府向来重视民生问题，强调社会保障的重要性。在2013年11月公布的《中共中央关于全面深化改革若干重大问题的决定》一文中，"公平"一词共出现了20次，其中明确提出了"建立更加公平可持续的社会保障制度"。"公平可持续"就是强调社会保障制度要平等地涵盖到全体社会成员，并且是可持续的，而不是短期的，也不是以牺牲后代子孙利益为代价的。社会保障的目的是通过国民收入再分配实现收入转移，向低收入者或无收入者提供一种必要的帮助，减少社会成员遭遇到的风险。社会保障制度中的公平包括两个层面的内容：首先，社会保障制度本身要公平，无论是社会保障制度的设计理念还是具体内容，都要以追求公平为目标，这是社会保障制度得以存在的前提；其次，社会保障制度对现实中的社会公平程度具有正面影响，这主要强调社会保障制度的具体运行结果，强调需要公正、公平地实施社会保障制度。就其理念而言，公平意味着人人都有权享受社会保障，这是国民的基本权利；在现实社会中，各国以法律形式使个体人的社会保障权利固定化，并对国家、社会、个体的义务做出了公平规定。中国面临转型与发展的双重任务，社会的各种矛盾不可避免地会出现，在社会保障和经济发展之间也会存在一定的矛盾性。所以，当前的社会保障制度，依然还需要不断地被完善，如此才能更好适应社会的可持续发展。

一 医疗保险的公平可持续性

医疗保险是社会保障体系中非常重要的一部分，也是当前社会矛盾的一个聚焦点。中国尽管在医疗保险上获得了长足的进步，但是医疗保障的整体发展水平与人民群众的医疗保障需求之间还存在较大差距。这种差距既体现在地区差异上，也体现在地区的内部。[①] 在地区分布上，医疗保险的覆盖情况就存在着一定的差异。由于东西部发展不平衡，而早期国家政策向东部倾斜化，我国西部地区受到经济发展和收入水平等客观因素制约，在医疗保险制度执行中存在着一定不平等性和局限性。要实现医疗保险的公平可持续性，就需要不断缩小地区之间的医疗保险差距，还要尽可能地缩小地区内部不同人群的医疗保险差距，提高医疗保险的覆盖面和普及性。这既是医疗保险公平性的体现，也是其可持续性的体现。如果医疗保险不能达到普惠和普及的程度，那么它就会成为部分社会成员的专享物品，就会激发社会对立情绪，各种社会矛盾就会出现并有尖锐化的趋势。这样的医疗保险显然是不可持续的，对于社会的可持续发展而言，并无益处。作为一种社会保障制度，医疗保险应该平等地保护全体成员，而不是选择性地保护部分成员。可见，公平与可持续是互相联系、互为依存

---

① X. Zhang, R. Kanbur, "Spatial Inequality in Education and Health Care in China," *China Economic Review* 16 (2005): 189-204.

的，社会保障制度在设计上需要同时考虑这两方面的因素，而不是割裂开这两方面的作用。

现实中，医疗保险存在明显的地区差异性。如表 3 - 5 所示，分地区来看，东部地区的医疗保险覆盖情况最佳，2010 年有医保的人群比例为 72.86%，而中部和西部有医保的人群比例分别为 64.28% 和 72.44%。2012 年，东部地区有医保的人群占 82.38%，它仍然是享有医保的人数最多的地区。这主要是由于东部地区为我国主要的经济发展中心，经济实力雄厚且基础设施完善，这一地区人们的健康意识和医疗费用支付能力较强，与此同时当地政府对医疗方面的支持力度也较大，其医疗保险体系发展得较为成熟。相对而言，中西部地区多为高原和山地，经济发展落后于东部平原，相关政策也比较滞后，因此这些地区的医疗保险覆盖情况不尽如人意。然而到 2014 年，中国医疗保险覆盖的地区分布有了新的变化，东部、中部和西部的医疗保险覆盖率相比 2012 年都有了大幅度的增加，分别达到 89.90%、89.80% 和 92.90%。其中西部地区的医疗保险覆盖程度从先前的最差，赶超了东部和西部。2010 年以后，各地区的医疗保险发展有了明显的变化。早期中部地区的医疗保险发展得相对落后，而到了 2012 年，中部地区的医疗保险覆盖人群比例同比增长了 31%，东部和西部同比增长 13% 和 8%。中部地区医疗保险事业的显著发展归咎于国家提出的一系列援助中西部经济发展的政策，以及有针对性的医疗保险整合政策。中部地区原有的经济基础不是太差，在国家政策的扶持之下得以迅速崛起，人民在经济保障的基础上开始更多地关注健康和生活质量，因此中部地区的医疗保险覆盖情况发展得最为迅速。而西部地区由于地理位置的原因，经济发展有诸多限制，在政策扶持的前提下发展得依然较缓慢，因此受经济条件制约，其医疗保险的发展也相对较缓。但是随着交通设施的不断改进，针对西部地区发展的政策不断调整，西部地区近几年的医疗保障体系已经相当完备，地区间的社保机会公平进一步实现。

表 3 - 5　2010~2014 年中国医疗保险的地区差异

单位:%

地　区	医保情况	2010 年	2012 年	2014 年
东　部	有医保	72.86	82.38	89.90
	没医保	27.14	17.62	10.10
中　部	有医保	64.28	84.23	89.80
	没医保	35.72	15.77	10.20
西　部	有医保	72.44	78.50	92.90
	没医保	27.56	21.50	7.10

数据来源：2010 年、2012 年、2014 年的 CFPS。

中国在社会可持续发展框架下，根据自己的国情，选择了逐步实现包括医疗保险在内的基本公共服务均等化的道路，成绩是明显的。随着区域协调可持续发展战略的实施，中央对医疗保险的财政转移支付力度加大，以及大力推进公共财政、民生配套制度的建设，使得中国的基本医疗保险制度框架初步形成。在发展过程中，中国采用了因地制宜的发展策略。东部集中了人口大省，因此它应积极加大医疗财政投入，以加强当地人口与医疗资源供给的匹配程度；此外，针对医疗硬件资源的稀缺和软件资源的过剩情况，各地政府应因地制宜，合理分配各类资源。在西部地区，政府合理放缓政策扶持力度，并加强医疗保险供给力度。中部地区的医疗卫生资源匮乏，政府则加强对各省份医疗财政支出的扶持力度。通过这些具体政策和举措，中国政府有效地调配了三大地区间的医疗卫生保险资源，目前已经建成了覆盖面不断扩大、基本公共服务项目增多、标准不断提高、个人负担不断降低的世界上最大规模的、全覆盖的基本医疗保障系统，而且地区之间在医疗保险方面的差距在缩小，这些都充分体现了社会公平，为社会的可持续发展奠定了重要的基础。

二　医疗保险结构在优化

发展医疗保险对转变经济发展方式、推动社会可持续发展、促进民生事业进步有着积极的现实意义。医疗保险对社会可持续发展的积极效应至少体现在以下两个方面。一是通过解除老百姓对因病致贫、因病返贫的担忧，稳定老百姓的收入预期，释放其消费需求，提振内需。二是提高国民健康水平和劳动生产率，提高国民的人力资本。所以，建立覆盖面广的医疗保险体系是实现社会可持续发展的重要举措。但是，由于信息不对称、个体差异和政府失灵的存在，依靠单一的医疗保险形式难以"包打天下"，很难满足广大老百姓多样的医疗保险需求，也不利于医疗保险供给侧的良性竞争。所以，医疗保险结构需要不断优化和调整，以适应社会可持续发展的需要。在改革和发展的过程中，中国医疗保险结构逐渐从单一转向了多元，从政府包办转向了基本医保、商业医保和补充医保多种形式并存的"双轨制"乃至于"多轨制"。各种保险形式之间通过竞争提高效率，通过合作互补劣势，不仅保证了整个医疗保险市场在公平和效率之间维持稳定，而且还可以根据广大老百姓的差异化需求以及其承受能力提供有针对性的服务，以更好地服务社会大众。目前，中国医疗保障体系的覆盖面快速扩大，已经形成了包括公费医疗、城镇职工基本医疗保险、城镇居民医疗保险、农村新型合作医疗的社会医疗保障体系框架。

尽管目前这几类医疗保险仍旧是医疗保障体系的主要内容，但基于多年实践的经验，国家也在不断地调整和改变医疗保障体系的政策方向，力图与社会可持续发展的整体趋势相适应。如表3-6所示，总体而言，2012年，全国医疗保险的覆盖群体已经达到85.8%，相比2010年医疗保险的覆盖范围增加了10个百分点。2014年，全国医疗保险覆盖率达到90.7%。目前国家推行的城乡医疗保险主要由公费医疗、城镇职工医疗保险、城镇居民医疗保险、新型农村合作医疗构成，从表3-6中的数据可以看出，到2012年，享受国家公费医疗政策的人群相比2010年减少了1.2个百分点，而城镇职工医疗保险的覆盖人群相比2010年增加了1.4个百分点。2014年的调查结果显示，2014年享受国家公费医疗政策的人群相比2012年又减少了0.6个百分点，而城镇职工医疗保险的覆盖人群相比2012年增加了1.5个百分点。早在1998年国务院公布《关于建立城镇职工基本医疗保险制度的决定》后，国家的医疗保险政策就开始了重新整合，国家开始取消公费医疗制度并将国家工作人员纳入城镇职工基本医疗保险体系。这个完善过程一直持续到现在，依然还在进行进一步调整，以期能更好地适应社会可持续发展的需要，能够更好地体现社会公平，确保每个社会成员都能平等地享受社会保障的保护。

表3-6　2010~2014年中国各类医疗保险的发展趋势

单位:%

医疗保险类型	2010年	2012年	2014年
公费医疗	4.4	3.2	2.6
城镇职工医疗保险	8.8	10.2	11.7
城镇居民医疗保险	6.5	6.5	8.0

续表

医疗保险类型	2010 年	2012 年	2014 年
补充医疗保险	0.5	0.4	0.7
新型农村合作医疗	55.6	65.5	67.8
无医疗保险	24.2	14.2	9.3

数据来源：2010 年、2012 年、2014 年的 CFPS。

与此同时，新型农村合作医疗在这两年发展迅速。如表 3 - 6 所示，2012 年，有 65.5% 的人群享受到新型农村合作医疗，相比 2010 年增加了 9.9 个百分点。2014 年参保新型农村合作医疗的群体比例达到 67.8%，相比 2012 年增加了 2.3 个百分点。新型农村合作医疗简称"新农合"，是指由政府组织、引导、支持农民自愿参加个人、集体和政府多方筹资以大病统筹为主的农民医疗互助共济制度。中国是典型的农业大国，农村医疗保障制度的完善显得尤为重要。新型农村合作医疗制度的全面推进，是国家为了解决广大农民看病难、难看病及因病返贫、因病致贫问题的重大举措。新型农村合作医疗覆盖率的增加，表明了农村医疗服务体系正在逐渐完善，农村医疗保险缺位的状况得到了很大的改善，农村医疗制度的发展是国家医疗制度进步的重要体现。在实施"新农合"的过程中，中国不仅探索出了提高农村医疗卫生保障能力的道路，而且还将它和精准扶贫结合起来，作为帮助贫困户脱贫的新途径。可见，"新农合"是中国医改中的一项很有成效的惠民举措，也是医改工作的一大亮点，同时也是缩小城乡差距、缩小贫富差距、实现城乡协调可持续发展的一个亮点。"新农合"既体现了中国特色和国情，也具有国际意义，值得广大发展中国家在推进可持续发展过程中参考和借鉴。

三　养老与保障

中国正在经历着从传统发展模式向可持续发展模式转型的过程，然而，此阶段的中国已经进入老龄化社会，出现所谓的"未富先老"的境地，人口老龄化成为深刻影响中国社会可持续发展的重大基础性因素。① 在中国，"未富先老"和"中等收入陷阱"之间存在一定的联系，使得中国所面临的问题更加棘手。② 作为世界上人口最多的国家，中国的人口老龄化更有着特殊的重大意义，对于全球可持续发展而言，具有重要的参考和借鉴价值。随着老年人口比重的增加，养老问题成为新的社会挑战，各种养老保险也应运而生。养老保险制度是国家和社会根据一定的法律和法规，为解决劳动者在达到国家规定的解除劳动义务的劳动年龄界限或因年老丧失劳动能力退出劳动岗位后的基本生活问题而建立的一种社会保险制度。它是社会保障制度的重要组成部分，也是社会可持续发展的重要制度。近几年，中国陆续建立了农村新型养老保险制度和城镇居民养老保险制度，事业单位基本养老保险制度在进行改革和完善，除公务员基本养老保险制度未进行改革以外，基本形成覆盖全社会的养老保险制度体系。但是，在不断完善养老保险体系的过程中仍然不免会遇到一些困难和挑战，从而影响到社会养老保险覆盖的均衡性，其中一个问题就是城乡差异。由于中国城乡社会保险体系呈二元结构，且城乡养老保险转移困难，

---

① 蔡昉：《未富先老与中国经济增长的可持续性》，《国际经济评论》2012 年第 1 期，第 82～95 页。

② 蔡昉：《如何应对"未富先老"的挑战》，《传承》2011 年第 3 期，第 74～75 页。

城乡养老保险待遇相差也比较大。

养老保险的城乡差距，体现了中国城乡社会二元结构的基本特征。表3-7反映了2014年城市和农村养老保险覆盖情况的差异。农村总体享有养老保险的群体的比例为37.1%，而城市享有养老保险的群体的比例为47.6%。城市养老保险的覆盖情况明显比农村更好。城市人口可以从原所在机关或事业单位领取离退休金、拥有基本养老保险和企业补充养老保险的群体分别占13.70%、12.10%和1.20%，而农村这三项养老保险的覆盖率仅为2.00%、2.10%和0.10%。农村养老保险和新型农村社会养老保险的主要覆盖人群是农村人口，有6.40%的农村人口享有农村养老保险，有24.10%的农村人口享有新型农村社会养老保险。而对于城镇居民养老保险，城市人口参保人群比例比农村人口参保人群比例多2.8个百分点。中国社会养老保险制度是建立在城乡二元经济结构之上的，以户籍为识别对象而附加的社会保险城乡差异化供给制度已经成为制约经济社会可持续发展的关键问题。在养老保险的城乡比较上，很明显可以看到这种差距。随着老年人口比重的持续增加，这个问题会越来越严重。这就要求政府能够统筹城乡社会养老资源，增加农村养老服务供给，实现城乡养老资源的均等，以确保每位老人都能够平等地得到社会保障和社会服务，能够平等地享受到老人的权益。老年人的社会公平问题，不应该被忽略，而应是社会公平的不可分割的一部分。这个问题在可持续发展框架中，显得尤为重要和突出。可持续发展意味着代际的可持续发展，而老人的保障和儿童的保障都是代际可持续发展的重要内容。

表 3 - 7   2014 年中国养老保险覆盖的城乡差异

单位:%

养老保险类型	农 村	城 市
从原所在机关或事业单位领取离退休金	2.00	13.70
基本养老保险	2.10	12.10
企业补充养老保险	0.10	1.20
商业养老保险	0.10	0.30
农村养老保险（老农保）	6.40	3.30
新型农村社会养老保险（新农保）	24.10	11.00
城镇居民养老保险	1.20	4.00
其他	1.10	2.00
以上都没有	62.90	52.40

数据来源：2014 年的 CFPS。

造成中国社会养老保险制度城乡差距的根本原因在于依附于城乡二元经济结构背景下的社会福利制度的差异性供给。在解决这一问题上，政府兼顾社会养老保险的"效率"与"公平"、"强制性"与"自愿性"、"多轨并行"与"统一"等原则，发动社会力量来缩小城乡在养老服务上的差距。由于城市和农村享有的社会资源不均衡，人口结构存在着差异，社会保障制度有所不同，城市人口拥有固定的工作直到正常退休的群体更多，因此城市人口在养老保险保障福利中更占优势，导致城市人口和农村人口在享有养老保险保障中机会不平等。新型农村社会养老保险制度是在总结完善中国 20 世纪 90 年代开展的农村养老保险（简称"老农保"）制度的基础上建立起来的一项崭新制度。这两类保险制度的推出主要针对农民群体，因而农民是这两类保险制度覆盖的主要人群。由于在农村有效实施了这些养老保险服务，农村老年人的社会保障程度比以前提高了不少。老有所养是社会可持续发展的基本特征，也是代际可持续发展的重要体现。中国在缩小城乡养老服务差距上，进行了大量的探索和实践，积累了宝贵的经验，取得了一定的成绩。

小　结

一个可持续发展的社会，应该是一个公平的社会，这个社会的每个成员都平等地享有发展的机会。可持续发展中的社会机会平等，指的是指每个人都平等地享有可持续发展的社会提供的种种机会，并平等地分享可持续发展所带来的益处。中国政府保证每个人机会均等，让每个人平等地享有接受教育、自由择业、自由经营、自由竞争的权利，平等地享有政府所提供的种种优惠、机遇等，平等地拥有发展机会。机会均等是社会可持续发展的重要基础，也是社会可持续发展所追求的重要目标。如果背离机会均等，就意味着在扩大一部分社会成员享有的机会资源的同时，剥夺另一部分社会成员的机会资源，限制了这些社会成员的发展前景，这将成为社会的巨大隐患，社会矛盾会激化，各种不稳定性因素也会出现，会打断和阻碍社会的可持续发展。目前中国由于社会总资源和总财富的有限性，在改革过程中法律和制度仍不是很健全，出现了种种不公正待遇和不平等的机会，进而导致在教育、就业、社会保障等领域依然存在着机会不平等和权利不平等现象。为了改善这一现状，实现社会群体资源共享，中国大力发展经济、文化、政治，通过发展的方式来提高机会均等的程度。只有社会政治、经济、文化发展了，才能为整个社会成员提供强大的经济条件、政治保证和文化水平基础，为社会成员的各方面发展提供条件。在发展的同时，应不断通过改革来完善各项制度，缩小城乡、地区之间的差距。随着这些举措的不断深入和制度的不断完善，社会整体的机会均等程度在提高，可持续发展的势头良好。

第四章　普惠金融与可持续发展

机会均等是可持续发展的重要内涵，也是全球可持续发展所追求的共同目标。《改变我们的世界：2030 年可持续发展议程》的共识文件中，涵盖了 17 个可持续发展目标，其中目标 10 强调"改善对全球金融市场和金融机构的监管和监测，并加强上述监管措施的执行；确保发展中国家在国际经济和金融机构决策过程中有更大的代表性和发言权，以建立更加有效、可信、负责和合法的机构"。事实上，这就是要建构一种普惠金融的国际体系，这种新的国际金融体系的特征就是普惠，让全世界的人都能够从中受益，无论是发展中国家还是发达国家，在这种新的金融体系中都能够平等对话，通过对话来促进合作与交流，实现优势互补，最终达到全球可持续发展的目标。这种普惠金融的新国际体系，与传统的国际金融体系不同。传统的国际金融体系的话语权主要掌握在少数发达国家手中，无法体现广大发展中国家的利益。金融工具往往成为西方发达国家掠夺发展中国家财富的工具，不仅无法为有效缩小南北差距提供支持，而且还可能带来各种金融不稳定的风险。因此，2008 年的国际金融危机让不少发展中国家也受到了直接的损失。究其原因，这种旧的金融国际体系，不是普惠金融，广大发展中国家并没有因此而获益，它也很难帮助这些国家真正走上可持续发展的道路。这种传统的国际金融体系需要被予以改革，包括中国在内的广大发展中国家应当在其中发挥更大的作用。[①]

中国是发展中国家，在长期的发展过程中，根据自己的国情和在国际中的地位，建立了一套行之有效的普惠金融体系，不仅给本国的国民带来了实惠，而且还通过成立亚洲基础设施投资银行和金砖国家新开发银行，顺着"一带一路"为沿线国家以及全世界带去了实惠。这是一种面向世界的普惠金融，为全球可持续发展奠定了重要的金融基础。在国内，随着普惠金融体系的不断完善，中国家庭的理财能力有了显著提升，家庭理财的方式也更加多样和多元，可选择的投资理财种类也越来越多。随着普惠金融体系覆盖面的不断扩大，中国老百姓的家庭财务管理更加灵活与多元，家庭金融杠杆作用日趋明显，为家庭可持续发展奠定了厚实的基础。当然，城乡之间、地区之间以及不同家庭之间，在理财上依然存在着一定的差距，但是，总体而言，在发展趋势上，老百姓的金融理财能力在不断提高，金融发展的态势良好。政府在推广和普及金融知识和服务上，通过各种行之有效的政策和举措，尽可能地让社会每个人都能够获得金融服务的机会，享受金融发展所带来的益处。同时，政府也通过宣传等方式，不断提醒广大老百姓要时刻警惕金融风险，要通过合理的风险规避措施来尽可能地保护自己的财富。这些做法，应该说，效果还是不错的。

---

① 李稻葵、尹兴中：《国际货币体系新架构：后金融危机时代的研究》，《金融研究》2010年第2期，第31~43页。

第一节　家庭金融可持续发展

家庭可持续发展能力的基础是家庭的财力以及相关的理财策略。所以，家庭可持续发展的基石之一就是家庭金融可持续发展。家庭金融可持续发展包括家庭内部的金融理财行为的可持续性以及代际金融行为的延续性。家庭是代际关系的重要载体，因此家庭金融可持续发展，不仅是现有家庭的可持续发展，而且还包括家庭子女成人后自立门户的分裂和重组过程中的金融可持续性。伴随着这种家庭调整的，并非是家庭金融的破产，而是家庭在新陈代谢过程中的持续发展，这就是家庭金融可持续发展的核心思想。中国改革开放以来，随着经济的不断发展和社会的不断转型，家庭人均收入水平得到了显著的提高。在收入增加的同时，随着普惠金融体系的建设和推广，中国家庭的投资理财意识也在不断增强，家庭金融理财的相关知识也在普及，家庭理财的方式日趋多样，越来越多的家庭开始关注资本市场产品，注重金融资产选择的多样化，开始在保证资产安全的同时追求更高的投资回报率，开始有意识地寻求资产的安全性、流动性和收益性之间的平衡点。这种发展趋势，与社会可持续发展趋势是相向而行的，是普惠金融发展的必然结果。但是，由于中国依然存在家庭收入上的差距，金融资产在家庭间的分布也存在着不平等情况，家庭的金融资产在城乡、地区之间也表现出一定的不平等。这些现象表明，中国的普惠金融建设还任重道远。

一　家庭财富的多样化

传统的金融体系具有一定的排斥性，金融机构往往嫌贫爱富，那些财力有限的社会弱势群体，往往被排除在金融体系之外。这就是所谓的"金融排斥"（Financial Exclusion），它体现了社会的不平等，即并不是所有社会成员都能有平等参与金融活动的机会。金融排斥产生的根源是社会贫富差异和金融机构追求利润最大化，结果会进一步加剧社会的贫富分化，损害社会公平。这是一种恶性循环，对于社会可持续发展而言，是一种阻碍。联合国于2005年提出了"普惠金融"（Inclusive Finance）的概念，即能有效、全方位地为社会所有阶层和群体提供服务的金融体系。世界银行在2008年提出了"面向所有人的金融"（Finance for All）的概念，并对其可能的挑战和陷阱进行了深入的研究。① 中国政府把普惠金融和社会可持续发展有机地结合起来，通过推进普惠金融建设来提升家庭的财力，提高家庭金融可持续发展能力，进而为社会可持续发展奠定厚实的微观基础。实践证明，这些举措是卓有成效的。近年来，金融资产在中国家庭总资产中所占的比重呈现快速增长趋势。随着中国家庭收入水平的普遍提高，以及中国金融市场的不断发展与完善，中国家庭居民的金融理财意识在不断增强，金融市场参与的程度也在不断地提高，表明中国的普惠金融建设已经取得了一定的成果。金融资产客观上具有保值增值功能，家庭选择金融资产能够更合理地配置资产负债比例。金融资产是居民财产中最具有生命力的一部分。作为衡量普惠金融发展和社会可持续发展水平的一个客观尺度，家庭金融资产的增长与国民经济综合实力的提高高度相关。

① World Bank, *Finance for All? Policies and Pitfalls in Expanding Access*（Washington, DC: World Bank, 2008）.

　　如图 4－1 所示，近些年来，中国家庭金融资产数量呈现明显的上升趋势。到 2014 年，家庭现金及存款总额的平均值从 28377 元增加到 29931 元；金融产品总价的平均值从 7709 元逐渐增加到 120237 元，增加了 14.6 倍。出现上述情况，一部分原因是国家政策导向提高了居民收入水平并针对"三农"问题提出了一系列有效的措施。这些政策最后导致了家庭收入的增加，使得家庭有经济实力去进行投资和理财，在金融参与上掌握了主动权。相对而言，家庭现金及存款总额的增加幅度不是很大，而金融产品总价却有大幅度的增加。导致这种变化的原因是多方面的，一方面，因为家庭的保障功能比较强，所以现金及存款只要保持在相对稳定的额度就可以保障家庭日常生活的顺畅运行；另一方面，随着当前积极财政政策的落实，政府加大运用了财政资金，完善了社会保障体系，减少了家庭不确定性的长期支出，减少了家庭的后顾之忧，降低了经济生活的不确定，进而激发了家庭居民的积极理财欲望，由此他们更多地持有金融资产。2014 年开始的股市价格的大涨，使得越来越多的居民开始购买股票，金融产品在家庭所有金融资产中的占比大幅度提升。包括股票市场在内的各种现

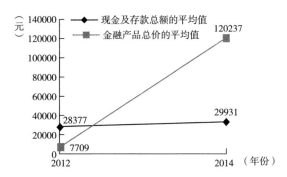

图 4－1　2012～2014 年中国家庭金融资产情况

数据来源：2012 年、2014 年的 CFPS。

代化金融市场，社会的普通家庭都可以很容易参与进去，金融体系的普惠特征越来越明显，金融理财也越来越走进寻常百姓家中，成为社会大众日常生活的一部分。

普惠金融的特点就是金融服务的多元化和普及化。随着经济快速发展和人民生活水平的持续提高，中国家庭在金融资产上发生着巨大的变化。特别是实施可持续发展战略以来，中国不断推进金融可持续发展，中国家庭的金融资产规模逐年上升，家庭金融资产配置从单一的以储蓄存款为主发展为股票、基金、债券、储蓄存款等多元化配置的模式。具体表现为现金在家庭总资产中所占的比重不断下降，而各种金融资产所占比重在上升。在推广普惠金融的过程中，政府从以下几个方面进行了优化与调整：积累家庭金融知识，增强家庭理财能力；鼓励金融机构进行金融创新，丰富理财产品；健全社会保障体系，提高居民保险意识和风险管控能力；深化金融市场改革，完善法规征信体系。这些举措起到了惠民的效果，更多的家庭能够自由参与到金融市场中，运用金融杠杆的能力也在提高，对于家庭金融的可持续发展而言，它们无疑起到了积极的作用。从制度顶层设计来说，良好的制度环境和监管框架是普惠金融可持续发展的保障，中国政策不仅对金融活动进行着有效的监管措施，同时还鼓励和保证低收入者能够在不同金融机构间自由选择金融服务，即保证充分竞争性以及社会阶层的金融可及性，确保金融服务向社会所有成员平等开放，消除金融排斥性，提高社会的公平程度。

二 城乡协调的普惠金融

从时间发展的角度来看，可持续理念是通过建立当前和未来

的内在联系，实现人类代际公平，即在时间序列上谋求的是当前
与未来的效益最大化，而不是当前的利益最大化。在这个过程中，
金融起到了独特的作用，具有天然的代际连接和转移的功能。金
融具有强大的贴现功能，能根据一定的机制把现有金融资产分摊
到未来的不同时期，也可以把未来不同时期的金融资产贴现到当
前。因此，金融能够为建立现在和未来的联系提供工具和组织体
系，能够实现金融资产价值在当前和未来的分配，包括代际的优
化配置。这种配置作用，是金融体系的独到之处，对于可持续发
展而言，尤其是代际的可持续发展，显得尤为重要。与传统金融
体系不同的是，在引入可持续理念之后，普惠金融体系被看作所
有社会阶层进行金融行为的集合体，在参与金融的过程中，所有
社会成员都能够自由地根据自己的财力和实际情况选择合适的金
融服务，人与人之间在参与金融交易上是平等的，同时整个金融
系统建立在信息充分披露的基础之上。这种面向全体社会成员的
普惠金融体系，通过跨期制度安排和激励机制设计，最终实现金
融体系的利益兼容和可持续发展目标。金融应该成为一种帮助穷
人摆脱困境的可持续的惠民工具，而不是社会贫富两极化的加速
器。① 在这方面，中国进行了大胆的探索，且已经积累了非常宝贵
的经验。

　　要实现这种功能，就需要尽可能地减少家庭参与金融的差
距。由于农村的金融发展水平仍然落后于城市的金融发展水平，
城乡差异依然在金融投入、金融制度建设、金融机构分布、金融

---

① M. Robinson, *The Microfinance Revolution*: *Sustainable Finance for the Poor*
（Washington, DC: WorldBank/New York: Open Society Institute, 2001）.

业务普及面等方面存在着。目前农民首选的金融资产是银行储蓄，这是因为虽然金融市场上可供选择的金融工具种类有很多，但是大多金融服务具有明显的针对性，也有一定的门槛，城市地区的家庭居民比较受它们的欢迎。如表 4 - 1 所示，2014 年中国家庭的现金及存款总额的平均值为 29931 元，家庭购买金融产品总价的平均值为 120237 元，全部金融资产的平均值为 150168 元。其中，在农业家庭中，现金及存款总额的平均值为 22415 元，而金融产品总价的平均值为 37205 元，这类家庭的全部金融资产平均值为 59620 元；在非农业家庭中，现金及存款总额的平均值为 50460 元，是农业家庭的 2.25 倍，金融产品总价的平均值为 126116 元，是农业家庭的 3.39 倍，全部金融资产的平均值为 176576 元，超过了全国家庭的平均值。数据表明城乡家庭在金融资产上存在较大差距，其中收入是家庭现金及存款的主要来源，城乡收入的差异造成了金融发展的不平衡；另外，由于农民传统观念、农村金融市场滞后等原因，农民的理财观念过于单一，家庭收入除了正常合理的消费以外，所拥有的金融产品较少，主要是储蓄这种资产，这就造成了在金融产品购买上与非农业家庭具有显著的差异。当然，除了资金的限制之外，观念上的限制也是存在的。由于金融知识在农村的普及程度远低于城市，因此，在金融参与上，农民往往更加保守，宁愿把钱放在银行，也不愿意拿出来投资于高风险、高收益的金融产品，拿着一点点的利息，把活钱变成了死钱。这说明，在建设和完善普惠金融体系的同时，需要加强对广大农村地区的金融知识的传播和培训，使广大农民了解和掌握更多的普惠金融知识，如此才能够使他们更多地参与金融活动。

表 4 – 1 2014 年中国家庭金融资产比较

单位：元

家庭类型	现金及存款总额的平均值	金融产品总价的平均值	合 计
农业家庭	22415	37205	59620
非农业家庭	50460	126116	176576
全国	29931	120237	150168

数据来源：2014 年的 CFPS。

针对中国农村低消费、高储蓄的现象，政府积极创造了各项有利于推广普惠金融的条件和环境，引导农民更新金融投资理念，将闲钱转化为资本，以增加农民的财产性收入；以及发展和完善乡镇多层次金融市场，拓宽农民的投资渠道，增加农民的理财意识，引导和鼓励农民进行合理的理财与投资。目前，农村金融理财环境虽然还不完善，与城市中的金融体系相比，还存在一定的差距。但是，从发展趋势上看，农村普惠金融理财市场潜力很大。中国农村普惠金融体系的构建，要充分遵循普惠金融发展可持续的理念，建立协调各方的利益兼容机制，协调城市与农村的金融发展步调，在加快金融改革、释放潜在生产力的基础上，鼓励农村金融机构通过改善经营管理模式、创新服务机制等提供可持续金融服务。从家庭本身来讲，无论是城市家庭还是农村家庭，合理的家庭金融资产结构有利于家庭通过金融资产的收益来实现提高家庭收入水平的目标，进而实现提高生活质量、增加家庭福利水平的长远目标，同时也有利于家庭满足子女教育、重大疾病、风险预防等方面的需求，进而缩小城乡之间在普惠金融上的发展差距，为城乡协调可持续发展奠定金融基础。总之，中国普惠金融体系发展的关键就是顺应老百姓的理财需求，广开投资渠道，让更多的老百姓有更多的机会和更宽的渠道合法地追求财富的保值增值。这有利于提高老百姓的生活水准，以更好地实现国家可持续发展的战略目标。

三　地区家庭金融资产情况

可持续发展框架下的普惠金融，强调通过完善金融基础设施建设，以可负担的成本将金融服务扩展到欠发达地区和社会低收入人群，向这些传统金融体系中的弱势地区或者弱势群体提供价格合理、方便快捷的金融服务，以不断提高金融服务的可获得性和普及性，保障社会全体成员参与金融活动的公平性。所以，普惠金融与地区协调可持续发展之间是有内在联系的。若欠发达地区无法与发达地区一样享受到低成本的金融服务，那么普惠金融就不能说是普惠的。普惠性原则就是要让欠发达地区和发达地区一样能够同等地享受价格合理且质量相同的金融服务。中国政府在推动地区协调可持续发展的过程中，积极扩大普惠金融的覆盖面，有步骤地推广普惠金融，使得欠发达地区也能被包括在内。这是社会可持续发展的内在要求，也是社会公平的内在要求。《关于全面深化改革若干重大问题的决定》就曾强调，以促进社会公平正义、增进人民福祉为全面深化改革的出发点和落脚点，并首次在中央全会文件中提出发展普惠金融、鼓励金融创新、丰富金融市场层次和产品。中国在可持续发展架构下稳步发展普惠金融，在为社会弱势群体提供更多的就业和创业机会的同时，通过普惠金融体系的拓展来逐步缩小贫富、区域和城乡等一系列现实差距，让弱势产业、弱势地区和弱势人群能平等地享受金融改革发展的成果，实现经济社会的协调与可持续发展。

当然，这样的过程不会是一蹴而就的，而是需要长期持之不懈地努力的。由于历史的原因以及地区之间的经济与社会发展差距，普惠金融在不同地区的发展也存在一定的差距。如表 4 - 2 所示，从东部到中部、西部，金融发展水平存在着明显的不平衡，呈现阶梯式递减的特征。对于一个有着辽阔国土的大国来说，这是经济发展特定阶段必然存在的现象。具体来看，在现金及存款总额方面，东部家庭依次大于中部家庭、西部家庭。其中，东部和中部家庭的平均值高于全国平均值，西部地区家庭的平均值低于全国平均值。东部家庭的平均值为 52213 元；中部家庭的平均值为 30850 元；西部家庭的平均值为 17629 元。在金融产品总价方面，从东部家庭到中部家庭、西部家庭依然呈现递减趋势，其中东部家庭的平均值超过了全国家庭的平均值，中西部家庭的平均值均低于全国家庭的平均值。东部家庭的平均值为 141550 元，中部家庭的平均值为 84682 元，西部家庭的平均值为 62167 元。由于经济、社会与金融发展总体水平相对较低，在中西部地区发展普惠金融，面临着比东部发达地区更多的障碍，中西部地区在金融资源方面，相对也比较缺乏。金融发展地区之间的不平衡现象，表明构建和完善普惠金融体系的任务依然是很艰巨的。

表 4-2　2014 年中国分区域家庭金融资产情况

单位：元

地　　区	现金及存款总额的平均值	金融产品总价的平均值	合　　计
东　部	52213	141550	193763
中　部	30850	84682	115532
西　部	17629	62167	79796
全　国	29931	120237	150168

数据来源：2014 年的 CFPS。

近年来，在政府的统筹和布局之下，中国各地在推动普惠金融发展方面进行着积极探索，努力构建跨地区的、更具地区包容性的金融服务体系，取得了阶段性成果。在普惠金融体系的建设和完善上，切实加大了金融市场的准入开放力度，消除了地区之间以及地区内部各种隐形壁垒，按照权利平等、机会平等、规则平等的原则，加快了中西部地区的金融体系建设。在欠发达地区发展普惠金融，还应将其与精准扶贫有机地结合在一起，在《关于建立连片特困地区扶贫开发金融服务联动协调机制的通知》精神的指导下，在中西部地区陆续建立了扶贫开发金融服务联动协调机制，把普惠金融的服务带到这些贫穷地区，帮助这些贫穷地区摆脱困境，使其成为普惠金融的直接受益者。在此基础上，建立跨地区、整合式普惠金融系统，就是将离散在各地的金融机构和服务有机整合起来，形成跨地区互联互通的普惠金融网络，从而丰富普惠金融产品体系，使之从简单的小额资金支持扩展到信用服务、信息服务、能力建设、资源整合，形成发达地区和欠发达地区有机整合的完善的服务网络和体系。当然，普惠金融不是普适金融，其发展思路要坚持多样性，在鼓励各地区发展普惠金融上，政府应强调因地制宜，以适应本地区实际发展状况的方式，来设计和建设本地区的普惠金融体系。

第二节　家庭债务与普惠金融

普惠金融不仅包括金融服务的消费，而且还包括金融可及的平等性，即在需要资金支持时可以平等地从金融机构中获得贷款。在微观家庭层面，家庭收入会对家庭获得贷款的能力产生影响。一般而言，收入高的家庭比收入低的家庭更容易获得贷款。普惠金融的建设，就是希望通过金融产品与服务的创新让不同财富水平的家庭都能够在自己承受得起的范围内平等参与金融活动，平等地从金融机构中获得服务或者获得贷款。家庭借债是经济活动中的重要现象，是家庭与金融机构或者其他经济主体之间的消费融资活动，也是维持家庭可持续发展的一个重要途径。家庭债务主要包括长期住房抵押贷款和短期消费者信用。家庭债务的来源主要有两种：银行与非银行金融机构的借贷以及以人脉关系为基础的民间借贷。家庭债务水平不仅仅影响着家庭居民的消费水平，更影响到家庭的生活质量水平以及家庭的可持续发展能力，这种影响可以从微观和宏观两个角度来考虑。从微观方面看，适当的家庭债务不仅能够提高居民的消费，而且也能够提高家庭的生活质量，确保家庭在收入变化的过程中依然能够保持平稳可持续的发展；但是，家庭债务的过度膨胀也会损害居民的生活品质，一旦超过家庭所能承受的范围，就会导致家庭的不可持续。从宏观角度看，过度的家庭负债影响消费信贷的发展，导致金融系统发生剧烈波动，引发宏观经济的震荡。可持续发展框架下的普惠金融，追求的是适度贷款的平等获得性，而这种适度贷款有利于家庭的发展以及宏观上的社会可持续发展。

一　普惠金融的普及性

金融体系既然是普惠的，那么其受众面就越广越好，惠及的社会人群范围越广越好。衡量普惠金融覆盖度的一个方法就是看家庭贷款的难易程度。在中国传统信贷配额的制度背景下，商业银行的信贷供给量并非完全由市场利率决定，而是受到很强的政策影响和制度上的制约。这种金融体系，对贷款的家庭或者个人具有非常严格的筛选机制，一般收入比较低的家庭或者个人，很难从银行获得贷款。所以，这种金融体系的受惠者往往是有资产、有一定财富的家庭或者个人，具有明显的金融排斥性，广大低收入家庭往往被排斥，很难获得贷款来支持自己的发展。这种传统金融体系在某种意义上，加剧了社会的贫富分化，不利于社会的稳定和长期可持续发展。普惠金融体系强调平等参与性，无论收入高低，都可以在自己所能承受的范围内参与金融的借贷活动。对于广义的普惠金融而言，它包括正规金融机构所从事的面向中低收入家庭的惠民金融服务以及依靠社会信用而发展的民间借贷金融服务。这两种金融服务方式，各有各的特长，也都有一定的局限性。在现实生活中，家庭都需要这两种金融业务。在可持续发展的普惠金融体系中，这两种业务之间是互为补充的关系，其共同的目标就是尽可能地扩大惠民金融的普及度，让更多家庭从中收益，帮助更多家庭可持续发展。

近些年，随着中国普惠金融体系的不断建设与完善，老百姓的金融参与度不断获得提升，家庭贷款也呈现明显的增长趋势。如图 4-2 所示，从 2010~2014 年的中国家庭债务情况来看，2012 年所有家庭银行借贷的平均值是 3933 元，2014 年所有家庭银行借贷的平均值是 7090 元。对比不同年份，2014 年银行借贷是 2012 年的 1.8 倍。在亲友及民间借贷方面，2012 年所有家庭的平均值是 47879 元，2014 年所有家庭的平均值是 73703 元。对比不同年份，2014 年民间借贷是 2012 年的 1.5 倍。这些数据表明，随着普惠金融覆盖面的持续扩大，越来越多的中低收入家庭也可以通过金融机构或者民间途径来获得贷款，从而缓解家庭资金周转上的困难，确保家庭的可持续发展。当然，正规金融机构在拓展普惠金融方面，还是受到了一定的约束和限制，因此不可能一下子都放开。在这种情况下，随着政府对普惠金融知识宣传的深入，民间普惠金融机制被进一步激活了，民间借贷日趋活络。与正规金融机构相比，民间金融借贷则更加灵活，能更好地满足当地家庭一些应急性的借款需求，可以很好地服务当地社区和中低收入的家庭。因此，近些年，家庭通过民间途径所借款项的总额在持续上升。如此，中国在普惠金融的建设和完善上，形成了交相呼应、互相配合、彼此弥补的态势，更多的中低收入家庭从中获得了实质性的益处。

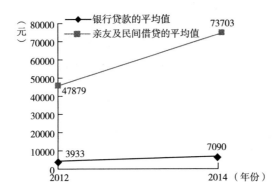

图 4 - 2　2012～2014 年中国家庭借贷的情况

数据来源：2012 年、2014 年的 CFPS。

在西方发达国家中，近 30 年来，家庭债务有不断上升的趋势，家庭的消费在增长，而家庭的储蓄率在下降。[1] 导致这种情形出现的原因是多方面的，其中一个重要原因是家庭消费性金融服务的普及化。在广大发展中国家，受到金融发展程度的限制，家庭消费性金融并不普及，导致家庭倾向于通过增加银行储蓄来确保未来的消费，所以家庭储蓄率会比较高。中国近些年来，随着普惠

---

[1]　A. Barba, M. Pivetti, "Rising Household Debt: Its Causes and Macroeconomic Implications—A Long - period Analysis," *Cambridge Journal of Economics* 33 (2009): 113 - 137.

金融的不断深入发展以及其普及面的不断扩大，普通家庭获得消费性贷款越来越容易。在这种情况下，普通家庭的现金流动性大大提高，老百姓的借贷观念在发生变化，开始从银行或者民间进行借款来维持家庭的现金流动性，确保家庭的可持续消费。因此，普惠金融对于中国普通家庭而言，不仅提供了金融服务技术上的便利性和可及性，而且是一种金融理财观念的更新和改变，从传统的单纯依靠储蓄逐渐转变为依靠信用借款的方式来维持一定水平的家庭消费。

中国经济的发展，使得社会财富和家庭收入都出现了显著增长的态势。但是，贫富差距和社会分层问题也日趋严重，不利于社会可持续发展。社会财富分布的不均衡性，以及传统金融体系的排斥性，导致大量中低收入家庭急需金融支持。发展普惠金融对推进社会和谐以及可持续发展具有重要的意义。中国在推进普惠金融体系建设的过程中，采用了"小额信贷—微型金融—普惠金融"的发展路径，在可持续发展理念的指导下，推动信贷的小额化和分散化，推动金融服务向农村、向欠发达地区、向低收入家庭倾斜，获得了明显的成效。与此同时，政府也积极规范和引导民间金融业务，充分发挥民间借贷的正能量，强化对民间金融活动的监管，控制民间借贷的风险，引导民间金融行为形成普惠效应，使得民间金融资源转化为社会可持续发展的推动力。实践证明，上述举措获得了积极成效，更多的中低收入家庭也因此而受益。在互联网金融兴起之后，更多的地处偏远地区的家庭也可以很容易地通过互联网进行借贷活动，使得普惠金融的触角能够轻而易举地扩散到偏远地区，使得这些传统上的金融盲区被突破，从而被纳入普惠金融的覆盖范围。当然，互联网金融也存在一定的风险。政府应从立法、制度设计、监管等方面，对这种新式普惠金融进行有效的监管，管控其风险，发挥其正面积极效应。

二 向中低收入倾斜

所谓普惠金融的包容性，不仅仅是包容富裕的家庭，更多的是包容中低收入家庭以及贫困家庭。所以，普惠金融与家庭收入密切相关，家庭借贷行为受到家庭收支情况的影响和制约。一方面，收入与负债存在替代关系，家庭收入越高，通过借债满足需求的动机就会越低，家庭负债和家庭收入呈现负向关系；另一方面，收入对家庭债务也具有促进作用，家庭通常面临一定的借贷约束，更高的收入水平会有效降低约束程度，而由于高收入家庭的财富积累速度较快，可以通过抵押贷款融资以优化家庭金融资产的配置，因此负债和收入之间也可能表现出正向关系。一般而言，富裕家庭的还款能力比较强，家庭中可以用作抵押的资产也比较多，所以他们比较容易获得金融机构的青睐。相比而言，低收入家庭由于无法提供足够的抵押品，往往很难从金融机构中获得贷款。因此，政府在普惠金融的顶层设计上，通过合理引导，使得金融政策能够向中低收入家庭倾斜，让这些家庭也可以通过合理途径来获得资金上的支持。这不仅仅是金融制度上的改革与完善，更体现了社会公平和机会均等，体现了社会的包容性。通过有意识地向中低收入家庭倾斜的做法，让家庭这一社会的微观主体能够具有可持续发展的能力，中国普惠金融体系成为社会可持续发展的重要保障。

金融机构对金融市场具有重要的导向作用。当金融机构推出各项旨在帮助中低收入家庭的普惠金融服务时，民间的金融能量也会被进一步激发出来，中低收入家庭也就更容易通过民间借贷的方式获得资金。在此，将全国收入前16%的家庭定义为高收入家庭，中间68%的家庭定义为中等收入家庭，后16%的家庭定义为低收入家庭。如表4-3所示，无论是何种收入等级群体，家庭债务中的民间借贷比例都要大于银行借贷比例。不管是银行借贷还是民间借贷，高收入家庭中借贷的比例要依次低于中等收入家庭、低收入家庭。这说明在普惠金融体系中，具有一种明显的倾向，就是向中低收入家庭倾斜。在现实世界中，中低收入家庭为了家庭资金的周转，往往需要通过借款来进行过渡，因此，对短期借款的需求比较普遍。普惠金融通过"小额化、分散化"的策略，为这些中低收入家庭提供了比较灵活的借贷服务。从全国数据来看，有5.6%的家庭有银行借贷，有13.7%的家庭有民间借贷；在高收入家庭中，有4.7%的家庭有银行借贷，该比例低于全国水平，有8.7的家庭有民间借贷，该比例也低于全国水平；在中等收入家庭中，有5.4%的家庭有银行借贷，该比例低于全国水平，有14.1%的家庭有民间借贷，该比例也高于全国水平；在低收入家庭中，有6.1%的家庭有银行借贷，该比例高于全国水平，有17.1%的家庭有民间借贷，该比例高于全国水平。这些数据，进一步说明了在可持续普惠金融框架下的民间金融的巨大能量。

表4-3 2014年中国不同等级收入家庭的借贷比例

单位:%

家庭类型	银行借贷比例	民间借贷比例	合　计
低收入家庭	6.1	17.1	23.2
中等收入家庭	5.4	14.1	19.5
高收入家庭	4.7	8.7	13.4
全国	5.6	13.7	19.3

数据来源：2014年的CFPS。

在普惠金融体系中，民间金融与正规金融机构是互补的。民间借贷具有普遍性、地缘性、非监管性和隐蔽性的特征，所以，需要在发挥其长处的同时，对其短处加以规范，从而确保金融市场的有序性和普惠性。在这方面，政府的顶层设计、引导与监管就显得尤为重要。2008 年 8 月 15 日，中国人民银行在《货币政策执行报告》中对民间借贷的作用加以肯定，但同时强调指出规范、有序发展的民间借贷，有利于打破中国长期以来由商业银行等正规金融机构垄断市场的格局，促进多层次信贷市场的形成和发展。这体现了政府对民间金融的深刻认识，采用了既鼓励又规范的方法，既发挥民间金融的正面效应，又遏制其运作风险。中国正规金融机构面向中低收入家庭放贷的时间不长，在这种背景下，民间借贷的兴起弥补了体制的不足，更多中低收入家庭通过民间金融途径，解了燃眉之急，维护了家庭的可持续发展。在借贷的目的上，不同收入水平的家庭会存在差异。低收入家庭的负债原因可能更多是为了必需的消费或其他支出，而高收入家庭的负债则是为了获得财产性收入或经营收入。高收入家庭在金融决策方面可能更为成熟，更能够根据自身情况优化投资组合，而且其负债行为更类似于公司，也有更多手段来控制风险。相比而言，低收入家庭在金融市场中处于弱势地位，因此它们对普惠金融的需求更大。

在传统的金融体系中，低收入家庭很难获得贷款。但是，从社会结构上来看，低收入家庭的数量恰恰是最大的。例如，《金字塔底层的财富》一书就提到，全球有超过 40 亿人口生活在按照财富和收入能力划分的经济金字塔底层，这部分群体内蕴含着潜在的巨大财富。如果金融结构能够克服传统排斥性的偏见，运用新的技术与普惠金融模式来服务这部分家庭，则可以通过在实现盈利与增长的同时提高穷人生活质量或生产能力等方式达到减缓甚至消除贫困的目的。①这是普惠金融的社会价值所在，也是中国政府大力推进普惠金融体系建设的重要原因所在。只有普惠金融真正与低收入家庭结合起来，才能真正发挥普惠金融的功能与价值，才能为家庭可持续发展提供更好的保障，才能为社会可持续发展保驾护航。在具体方式上，需要把小微贷款和家庭可持续发展联系起来，使得普惠金融能够真正满足低收入家庭的应急所需。当然，政府需要对金融机构进行合理引导，以使小微贷款能够与普惠金融无缝对接。②在这方面，中国政府除了给予金融机构一定的优惠政策之外，还通过颁布《关于 2015 年小微企业金融服务工作的指导意见》等具体政策文件，鼓励金融机构向小微企业提供融资机会，而不少小微企业的创业者来自中低收入的家庭。因此，向小微企业提供融资，就是间接在帮助中低收入家庭发展。

三　农村普惠金融的建设

相对于城市而言，农村在推进普惠金融上，会有更大的难度。③农村的金融基础一般比较薄弱，因此，需要花费更大的投入才能升级农村的金融基础建设。当前中国正处于经济转型与可持

---

① 〔美〕C. K. 普拉哈拉德：《金字塔底层的财富》，林丹明等译，中国人民大学出版社，2005。

② J. Susan, "From Microfinance to Inclusive Financial Markets: The Challenge of Social Regulation," *Oxford Development Studies* 41 (2013): S35 – S52.

③ J. D. Von Pischke, D. Adams, and G. Donald, *Rural Financial Markets in Developing Countries: Their Use and Abuse* (Baltimore, MD: John Hopkins University Press, 1983).

续发展的关键时期，经济发展不平衡和城乡收入差距大的矛盾突出，金融发展的城乡二元差异特征也很明显，表现为城乡金融发展水平以及金融市场提供的服务与产品存在较大差距。商业银行等金融机构面向家庭的消费信贷主要集中于城镇，而农村资本市场发展不健全，农村金融机构网点较少，金融工具供给也不充分。东部地区经济发展快，基础设施相对完善，工业发展较快，市场化程度较高，金融资源配置较好，普惠金融发展得比较快，覆盖面也比较广；而西部地区自身财力不足、资本市场不发达，企业直接融资比重偏低，吸引外资能力较弱，建设资金除了来源于中央财政预算外，主要依赖于本地区的信贷资金，所以，西部地区普惠金融的发展相对就比较慢，西部地区的农村在普惠金融发展上则更显吃力。中部地区普惠金融的发展介于东部与西部之间，但是，在中部地区的农村，普惠金融发展依然比较困难，覆盖面也比较窄。总体而言，普惠金融的发展程度往往和地区经济与社会发展程度相关，城市地区的普惠金融一般比农村地区发展得更快。这种局面，对普惠金融的发展提出了更高的要求，不仅要能够为当地可持续发展提供金融支持，而且需要为地区协调发展以及农村地区发展提供金融上的助推器，进而加速这些地区的普惠金融的发展速度。

如表4-4所示，整体而言，中国家庭的民间借贷的比例要高于银行借贷。在银行借贷方面，东部和西部农业家庭的借贷比例都高于非农业家庭，而中部正好相反；在民间借贷方面，不管在哪个地区，农业家庭的借贷比例都要高于非农业家庭。这说明，在普惠金融的发展与建设过程中，政府有意识地去引导其向农村和欠发达地区倾斜。结合数据来说，在银行机构借贷方面，东部地区有 3.6% 的家庭有银行借贷情况，其中包含有 4.3% 的农业家庭和 3.2% 的非农业家庭；中部地区有 5.0% 的家庭有银行借贷情况，其中包含有 4.9% 的农业家庭和 5.1% 的非农业家庭；西部地区有 9.5% 的家庭有银行借贷情况，其中包含有 10.1% 的农业家庭和 8.4% 的非农业家庭。在民间借贷方面，东部地区有 10.8% 的家庭有民间借贷情况，其中包含有 15.0% 的农业家庭和 7.8% 的非农业家庭；中部地区有 14.8% 的家庭有民间借贷情况，其中包含有 15.5% 的农业家庭和 14.0% 的非农业家庭；西部地区有 17.2% 的家庭有民间借贷情况，其中包含有 18.5% 的农业家庭和 14.5% 的非农业家庭。这些数据表明，在农村和欠发达地区，尽管起点比较低，但是因为采用了因地制宜的发展普惠金融的方式，从而更加便于这些地区的家庭获得小额贷款，帮助这些家庭渡过难关。

表 4-4　2014 年中国分区域家庭的借贷比例

单位:%

地　区	家庭类型	银行借贷比例	民间借贷比例
东　部	农业家庭	4.3	15.0
	非农业家庭	3.2	7.8
	所有家庭	3.6	10.8
中　部	农业家庭	4.9	15.5
	非农业家庭	5.1	14.0
	所有家庭	5.0	14.8
西　部	农业家庭	10.1	18.5
	非农业家庭	8.4	14.5
	所有家庭	9.5	17.2

数据来源：2014 年的 CFPS。

普惠金融基础建设的推进和普惠金融知识的推广是密切相关

的。在农村，一般小额贷款比较多，这也是平等与可持续发展的内在需要。① 农村小额贷款的发展，与农民普惠金融知识的普及基本同步。在农村和欠发达地区，随着普惠金融知识的传播，越来越多的家庭学会了用金融杠杆的方式来为家庭生计进行融资或者借款，从而保持家庭现金的可持续的流动性。确保家庭可持续发展是建立在稳健的家庭理财基础上的。所以，随着普惠金融在这些地区的推广和深入，这些地区家庭居民利用负债来平滑消费已经成为普遍现象。尽管，当前中国家庭债务结构在地区之间存在一定的不平衡现象，家庭债务分布的城乡差异也很明显，但是，事情在悄悄地发生着变化。随着普惠金融在农村和欠发达地区的建设与推广力度加强，这些地区的老百姓对金融理财知识的了解有了长足的进步，已经掌握了基本的现代化理财知识和技能，能够通过包括互联网在内的现代化普惠金融工具进行家庭的理财活动。随着普惠金融在农村和欠发达地区的发展，农民和低收入家庭都可以比较容易地获得所需的贷款，家庭可持续发展有了更好的保障，与城市以及发达地区的差距也在缩小。利用普惠金融来缩小地区差距和城乡差距，体现了中国的创见和务实，中国在其中也积累了宝贵的经验，可为全球可持续发展提供重要的参考和借鉴。实践证明，建立多层次的农村普惠金融体系，对解决农村低收入人群的生存和发展问题具有非常重要的现实意义，在实现社会可持续发展中发挥了重要的作用。②

---

① A. Rahman, "Micro - credit Initiatives for Equitable and Sustainable Development: Who Pays?" *World Development* 27 (1999): 67 - 82.

② 曹凤岐：《建立多层次农村普惠金融体系》，《农村金融研究》2010 年第 10 期，第 64 ~ 67 页。

第三节　股票投资与家庭可持续

股票市场是金融市场的重要组成部分，是社会所有成员都可以平等参与的一种金融交易市场。随着中国股票市场的不断完善与发展，现今股票市场已经成为中国市场经济中不可缺少的重要组成部分，在国民经济发展与结构调整中也起到了非常积极的作用。股票是市场经济快速发展下的产物，也是普惠金融体系的重要组成。现今，中国的金融市场逐步趋于成熟与稳定，监管制度的不断完善为金融市场创造了良性的竞争环境。证券市场，尤其是股票市场在发展过程中越来越成熟，一个新的参与群体随之兴起，那就是股民。股民是所有参与股票市场交易活动的人的统称，股民中有专业人士，也有大量的寻常老百姓。这些老百姓在逐渐了解和掌握股票市场交易的相关知识后，就把家中的剩余资金投资到股市中，通过买卖股票来进行投资理财。股票市场是面向社会全体成员开放的金融市场，社会中的任一成员，不管其家庭情况、个人情况以及其他情况有多么不同，都可以平等地参与股票投资。可以说，中国股票市场的发展和完善，向社会大众普及了相关的金融知识，让包括低收入者在内的社会大众都能够平等地参与金融理财活动，充分体现了普惠金融的价值。对于一般家庭而言，积累了一些资金后，通过股市投资进行增值，往往比单纯存在银行划算。因此，股票市场的发展，对于普通家庭而言，至少提供了除存款之外的另一种低成本投资途径，既可以保证家庭资金的流动性，也使家庭财富有了进一步增值的可能性。所以，股民的人数在增加，意味着更多家庭参与到股市中，说明股票投资越来越深入影响着家庭的可持续发展。

一　股市的包容性

股票市场的发展，不仅是宏观经济发展的需要，而且是微观家庭投资理财的需要。随着中国经济的快速发展，居民家庭的收入也有了大幅提高，除了满足日常生活的必需开支之外，人们仍然希望在家庭账户中留下一笔财富，以备不时之需。家庭投资理财方式也逐渐开始成为人们茶余饭后谈论的热点话题，目前成为困扰中国大部分家庭的一个重要问题。在近年兴起的普惠性理财产品中，股票由于具有高收益性、高流动性等优点，在居民家庭生活中占据了越来越重要的地位。与此同时，随着电子信息技术的发展和网上交易的普及，股票交易的操作也越来越简易，老百姓通过家中的计算机或手中的手机，就可以进行股票买卖，股票投资已经成为除银行存款外最主要的理财产品。股票投资的特点就是包容性，任何人都可以进入股票市场进行股票投资与交易，这种包容性恰恰就是普惠金融的主要特征。在股票市场中，股民的来源和家庭背景是多种多样的，有来自高收入家庭，也有不少来自低收入家庭。也就是说，股票市场并不具有选择性和排斥性，并不会把社会中的弱势群体排斥在外。当然，股票市场也存在着明显的风险。这种股票投资的风险对于所有股民而言，都是等概率的，并不会因为他是家庭富裕的股民而降低其风险，也不会因为他是家庭贫苦的股民而提高其风险。这种等概率性，体现了一种公平。

当然，股票市场的包容性还需要与家庭所能承受的财力以及抗风险能力结合起来。家庭财力比较雄厚，那么它的抗风险能力也比较强，就会更多地到股票市场中进行投资。家庭财力有限，抗风险能力较弱，就会有限度地参与股票投资。要分析家庭财力与股票投资之间的关系，需要将中国收入前16%的家庭定义为高收入家庭、中间68%定义为中等收入家庭、后16%定义为低收入家庭来进行。从表4-5中的数据可以看出，不管是股票还是其他金融产品，高收入家庭的持有比例都要依次高于中等收入家庭、低收入家庭。具体而言，高收入家庭中有12.4%的家庭持有股票；中等收入家庭中有2.1%的家庭持有股票；低收入家庭中仅有0.2%的家庭持有股票。低收入家庭的生活必需消费尚不能够得到充分的保证，故它们只将少量的资金投入股票市场；高收入家庭，由于拥有较多的闲置资金，风险承受能力强于低收入家庭，故可以在股票市场上投入较多的资金。这些数据说明，即便股票市场具有包容性这一普惠金融的特征，但是，因为股票投资的风险性，低收入家庭参与股票投资的比例还是很低的。导致这种现象的原因是多方面的，如低收入家庭并没有剩余资金进行股票投资，也有一种原因是金融知识的普及让低收入家庭也能够理性看待股票市场，能够认识到股票投资的风险性而采用了风险规避的策略。

表4-5　2014年中国不同等级收入水平的家庭所持有股票的比例

单位:%

项　目	低收入家庭	中等收入家庭	高收入家庭
股票持有比例	0.2	2.1	12.4
其他金融产品持有比例	0.3	1.3	5.0
没有购买任何金融产品	99.4	96.7	82.4

数据来源：2014年的CFPS。

在中国股票市场活跃时，有一种说法是"全民炒股"。这种说法从一个角度说明了股票市场的普惠性和普及性，所影响的中国家庭的面还是很广的。但是，普遍而言，中国家庭还是很理性的，会充分评估股票市场的风险而谨慎投资。从 CFPS 的数据可以看到，中低收入的家庭参与股票投资的比例还是很低的，相对而言，高收入家庭参与股票投资的比例比较高。这说明中国家庭具有风险规避意识，了解金融投资的风险性，这是普惠金融知识推广的结果。股票作为一种高风险、高收益的投资理财产品，如果不对其进行理性科学的分析，一味地跟风投资，很可能会给一个家庭带来灭顶之灾，也就是购买股票所投入的资金将无法收回，不仅不能给家庭带来较高的经济效益，实现家庭资产的快速增长，反而会让家庭陷入资产危机。如果出现这种情况，就意味着家庭可持续发展受到了重创，家庭会步入危机之中。这种局面，显然不利于社会可持续发展。中国广大中低收入家庭，显然明白这个道理。因此，中低收入家庭在进行股票投资时，秉持了谨慎、冷静、科学、理性的投资原则。对于一个家庭股票投资者而言，首先看家庭的闲置资金有多少，并充分考虑投入资金无法收回，对家庭的伤害程度有多大，以及投资者家庭成员对股票风险的承受能力如何等相关因素，并在对其进行综合分析之后再确定是否选择股票投资。这是一种可持续的投资观，能够有效控制投资的风险。

二　农村大有可为

从社会可持续发展的角度来看，家庭作为股票市场的主要参与者之一，其参与行为既关系股票市场的发展壮大和普惠金融作用的发挥，又关系家庭财富的保值增值。从理论上看，影响家庭参与股票市场的因素一般有内部、外部两大方面。常见的内部因素有家庭成员年龄、文化程度、收入水平、投资理念、家庭结构、理财传统等；而外部因素主要有股票市场发展状况、政策因素、信息可得性等。首先,家庭的股票知识水平主要受家庭成员文化程度的影响,一般而言,家庭成员文化程度越高,对股票的了解会越多,即家庭股票知识水平越高,参与股票市场的可能性自然越大。当前中国农村地区在普惠金融知识的普及方面要落后于城市,农村普惠金融基础建设也相对落后。在此背景下,容易造成中国家庭股票市场参与存在显著的城乡差异,农村家庭参与股票投资的比例比城市家庭要低得多。其次,家庭闲置资金多少与家庭收入高低紧密相关。一般来看,收入越高的家庭闲置资金越多,越有可能参与股票市场。一般而言,农村家庭闲置资金远低于城市家庭,所以农村家庭会出现相对较低的股票市场参与率。这种现象说明,中国普惠金融建设具有从城市到农村的梯度特征,先在城市地区建设起来,再通过宣传和推广,逐渐在农村地区也建设起来。这种梯度建设,在有限的资源前提下优先把容易建设的先建设好,再根据溢出效应和扩散效应来辐射到农村地区,最终实现建设城乡协调一体的普惠金融体系的目标。

如表 4-6 所示,中国非农业家庭的股票以及其他金融产品的持有比例远高于农业家庭。其中,农业家庭的股票以及其他金融产品的持有比例都仅为 0.3%,而非农业家庭的股票持有比例为 6.6%,是农业家庭的 22 倍;其其他金融产品的持有比例为 3.1%,是农业家庭的近 10 倍。可见,城乡家庭在金融产品持有比例方面存在一定的差异,其中股票持有比例的差异较大,这可能是由收入差距、知识文化水平、信息拥有量等各种因素造成的。这些数据表明,当前在城市地区,普惠金融体系建设已经取得了一定的成效,城市家庭参与普惠金融业务的比例,已经达到一定的水平。但是,在农村地区,普惠金融的建设还有很大的潜力。大多数农村家庭还没有充分意识到普惠金融的功能和价值，因此，它们还没有参与其中。但是，随着城镇化进程的加快，农民逐渐脱离土地而到城镇、城市居住，因为卖掉土地而开始有了一定的剩余现金。在这种情况下，农村家庭也需要通过参与普惠金融与投资的方式，让家庭的剩余资金合理增值，提高家庭可持续发展的能力。因此，农村的普惠金融建设就显得尤为迫切。国家也在积极通过顶层设计的方式，向农村倾斜，把普惠金融资源更多地投放到农村地区。目前，中国还有一半的人口生活在农村地区，而农村家庭的普惠金融参与度还很低，所以，普惠金融在农村地区的建设大有可为。

表 4-6 2014 年中国家庭的不同金融资产的持有比例

单位:%

项 目	农业家庭	非农业家庭
股票持有比例	0.3	6.6
其他金融产品持有比例	0.3	3.1
没有购买任何金融产品	99.4	90.3

数据来源: 2014 年的 CFPS。

针对城乡家庭在股票以及其他金融产品持有比例上表现出的差异，中国政府在合理的范围内，积极促进城乡家庭理性参与股票市场，这既有利于激发股票市场的活力，促进股票市场发展壮大，又有利于为家庭开拓投资渠道，促进家庭优化金融资产配置，实现家庭财富保值增值，让中国家庭真正享受到普惠金融所带来的益处，从而更好地实现家庭可持续发展，为家庭可持续发展提供财富上的保障。对于农村地区而言，中国政府强化农村金融信息网络建设及农村家庭对股票之类的普惠金融产品的认识，强调普惠金融的包容性和开放性，为农村居民参与普惠金融市场创造平等与公平的机会，进一步提高金融参与的机会均等程度。同时也进一步加强股票市场的基础制度建设，完善价格形成机制，促进股票市场风险和收益相匹配，引导家庭理性有序地参与股票市场。这些举措从宏观和微观家庭两方面为普惠金融的建设提供了支撑，帮助中国家庭更好地了解了普惠金融的特征和参与方法，提高了普惠金融的覆盖面。

三 中西部在崛起

中国股票市场从无到有的发展，基本上是沿着政府和市场共同推动的渐进方式在演进。政府既是股票市场的培育者，又是股票市场的监管者，这使得中国股票市场的运行具有显著的政策特征。这种政策特征可以有效控制股票市场的系统风险，避免出现股票市场失灵的情形，有利于社会可持续发展。因为一旦股票市场出现失灵的现象，股票市场的系统风险就会在短时间之内迅速地增大，导致股票市场整体价格波动的不可控。结果是，无数家庭因为参与股票投资而遭受重大损失，严重的甚至家庭破产，家庭发展的可持续就会被迫中断。中国强调股票市场发展的普惠性，通过政策等手段合理管控股票市场的系统风险，这对于广大中低收入家庭而言，是个有力的投资保障。股票市场改革与创新发展的过程，也体现着体制因素与市场因素的互动和博弈。一方面，市场化改革往往要出台给市场松绑的政策，改革传统的市场监管体制，放松政府对市场的管制；另一方面，市场化进程中会出现市场失灵的情形，因此需要政府出台相应政策措施对其予以规范。这是一个动态优化的过程，中国政府强调在发展中优化股票市场，而不是以牺牲发展为代价来控制股票市场的风险。这种稳步调控和引导股票市场发展的做法，有利于社会的稳定，有利于社会可持续发展。当然，中国股票市场远非成熟市场，因此，在市场化经济以及宏观政策的影响下，股票市场在不同地区具有一定的差异。不同地区的家庭参与股票投资的积极性，也存在一定的差距。但是，总体上，股票市场的普惠特征已经越来越明显，覆盖的范围也越来越大。

表4-7中的数据显示，不管是股票还是其他金融产品，东部地区家庭的持有比例依次高于中部、西部。其中，东部地区家庭的股票持有比例为5.2%，中部地区家庭的股票持有比例为2.3%，西部地区家庭的股票持有比例为1.4%；东部地区家庭的其他金融产品持有比例为2.4%，中部地区家庭的其他金融产品持有比例为1.3%，西部地区家庭的其他金融产品持有比例为0.7%。不同地区对不同金融产品的持有比例存在巨大差异。一方面，中国股票市场发生了转折性变化，资本市场建设迈上了新台阶，市场规模明显扩大，股票市场与国民经济的关联度不断增强，地区经济、家庭收入差距导致股票市场在各个地区有了差异。另一方面，发展较好的企业公司等都在东部地区，相对西部而言，东部的股票市场发展较为快速，这也导致东部地区的家庭有较高的股票持有比例。尽管中西部地区家庭在参与股票投资上，与东部地区家庭之间存在一定的差距，但是，中西部地区的发展态势是明确的，中西部地区越来越多的家庭从对股票市场的一无所知、观望逐渐发展到了关注与进入股票市场，成为名副其实的股民。这个过程在加快，说明包括股票市场在内的普惠金融体系建设在中西部地区推广和深入的速度在加快。这种加速效应发展到一定程度，就会使得中西部地区与东部地区在普惠金融体系建设上的差距缩小，最终形成全国性的普惠金融体系。

表 4-7 2014 年中国不同地区家庭的金融资产的持有比例

单位:%

项 目	东 部	中 部	西 部
股票持有比例	5.2	2.3	1.4
其他金融产品持有比例	2.4	1.3	0.7
没有购买任何金融产品	92.4	96.4	97.9

数据来源:2014 年的 CFPS。

　　近年来,中国在包括股票市场在内的普惠金融体系建设上,实现了历史性转折和跨越式的发展,普惠金融发展与社会可持续发展的关联度不断增强,中低收入家庭甚至传统意义上的金融弱势家庭也可以平等地参与普惠金融,享受普惠金融发展所带来的益处。中国是区域经济发展不平衡的发展中国家,因此,社会可持续发展的一个重大课题就是如何实现区域协调的可持续发展。作为国家经济结构转型整体规划的重要组成部分,区域经济协调发展是中国可持续发展的一项重大任务。与之对应的是,区域普惠金融发展也就成为实现可持续发展基础保障的重要因素。目前,中国资本市场主要呈现东高西低的情况,西部地区资本市场容量小,股票发行规模小,无论是上市公司数量还是其他方面,西部地区都远远落后于中部和东部,中部要落后于东部,这种不平衡导致资本从西到东大量转移,而普惠金融的发展则呈现西低东高的梯度格局,这种格局反过来,又会扩大三个地区的经济与金融发展上的差距。对此,中国政府从多个方面进行区域协调的普惠金融建设,不断规范与发展主板和中小板市场,支持中西部地区的中小企业运用资本市场发展壮大;逐步引进创业板,提高市场效率,建设中西部统筹兼顾的复合型资本市场。在可持续发展框架的指导下,中国 20 多年的股票市场已逐步走向规范,有力地推动了中国普惠金融的建设，推动了中国可持续发展前进的步伐。

小　结

从宏观上讲，普惠金融是社会可持续发展的基础保障。从微观上来说，普惠金融是微观家庭建构其发展可持续性的重要基石。在社会可持续发展的框架下，近些年来，中国致力于普惠金融的建设和发展，取得了良好的成效，越来越多的家庭能够平等地参与到普惠金融中来，分享普惠金融所带来的好处。普惠金融的特点就是包容性，对社会所有成员都平等开放，让中低收入家庭也能获得金融参与的平等权。在推进普惠金融体系的建设过程中，中国采用了向中低收入家庭、向农村和欠发达地区、向中西部地区倾斜的政策，努力建设面向所有社会成员的普惠金融体系。这种体系，与传统的具有排斥性的金融体系有着明显的不同。中国普惠金融体系的推进和建设，有力地支撑了社会可持续发展的进行，也为世界上的广大发展中国家提供了参考和借鉴的依据。对于全球可持续发展而言，传统的具有排斥性的全球金融体系已经很难适应全球可持续发展的需要，因此，当前迫切需要建立起与全球可持续发展相适应的全球普惠金融体系。作为世界上最大的发展中国家，中国在建设普惠金融体系的过程中，面临着转型和发展的双重任务，城乡差距和地区间差距也比较明显，所以，普惠金融的发展，不仅有效提高了中国家庭理财的多样化程度，而且增强了中国家庭借贷的便利性，同时也使得股票市场的投资走进了千家万户，成为中国家庭理财的常用途径。这些发展与进步，对于建设全球普惠金融体系而言，是非常有参考价值的。

第五章　中国经验及其国际价值

改革开放以后，中国采用了"让一部分人先富起来"的政策，这符合当时的国情，推动了国民经济的持续发展。但是，在这个过程中，不同社会群体间的收入差距不断拉大，地区之间的经济社会发展差距问题也在加剧。收入差距形成过程中所暴露出来的诸如资源分配不公和社会保障水平低下等问题，在一定程度上引起了社会大众的不公平感，在深层次上阻碍着社会的可持续发展。同时，随着中国经济的快速发展，资源消耗以及随之产生的废物也大幅增长，导致水污染、空气污染、耕地减少、能源消耗大等各种环境与资源问题出现。中国的环境恶化问题很严重，加上庞大的人口和巨大的经济增长压力，对中国走向可持续发展形成了重大障碍。有些地方甚至不惜走上"先污染后治理"的老路，结果是背上了沉重的发展包袱。从1992年开始，中国实施了"人口、资源、环境、发展"四位一体的可持续发展的总协调战略，主要在政府调控、生存安全、人力资源、生态环境、社会发展、科技创新以及减少不平等若干方面进行了可持续发展能力的建设，探索出了一条符合中国国情、具有中国特色的可持续发展道路。当然，在这个过程中，也难免会有弯路。但是，中国通过"摸着石头过河"的方式，不断反思和总结经验，取得了世界公认的成就。

　　恩格斯曾强调说："伟大的阶级，正如伟大的民族一样，无论从哪方面学习都不如从自己所犯错误的后果中学习来得快。"① 中国在追求可持续发展的同时控制和减少社会与经济不平等，从实践中走出了一条新路，为世界各国实施可持续发展，提供了弥足珍贵的经验。无论过去、现在，还是将来，如何减少不平等始终会是一个世界难题，是一个全球性问题。国际社会和世界各国都在探索减少不平等的方法和途径，而中国已经根据自身国情摸索出了一整套行之有效的办法，在确保经济高速增长的同时，合理控制并逐步减少了包括经济收入差距过大在内的各种社会不平等现象，并取得了良好的成效。追求平等是人类的共同愿望，人类追求平等的脚步从未停止过。作为发展中国家，中国的经验不仅对广大发展中国家有帮助，具有重要的借鉴作用和参考价值，而且对于发达国家而言，也具有重要的价值。发达国家之间以及发达国家内部，也存在显著的社会经济差距，社会不平等问题依然严重。从全球的角度来看，如何减少不平等依然是可持续发展的重要挑战之一。

第一节　减少不平等的理论与实践

　　减少和消除各种不平等是中国政府持之以恒所追求的目标。自实施可持续发展战略以来，这个目标成为中国可持续发展的重要组成部分。在减少不平等的实践过程中，中国从实践中不断摸索与总结，积累经验，逐渐形成了一套基本理论，就是通过不断

---

① 中央编译局：《马克思恩格斯文集》（第 1 卷），人民出版社，2009，第 379 页。

减少不平等力图把当代与后代、区域与全球、空间与时间、环境与发展、效率与公平等有机地统一起来，最终全面实现中国可持续发展的目标。概括而言，就是不断完善经济收入与社会发展的制度结构和空间结构，从制度设计和空间优化两个方面来系统性地开展减少不平等的各项活动，这就是制度结构和空间结构均衡发展的双重结构理论。在这个过程中，中国通过在制度面和空间面同时进行优化的办法，控制和缩小经济与社会上的不平等，进而实现社会与区域均衡、协调发展的可持续发展模式。思想理论的产生，不是凭空而来的，而是历史连续性和立足于实践基础上创新性的统一。通过制度与空间的双重调整与优化，中国在减少不平等方面，积累了丰富的经验，也取得了不凡的成绩。可持续发展是一个全面综合的系统工程，片面强调制度或者空间方面的因素，都有可能带来负面效应。良好的可持续发展模式应该在制度面和空间面之间获得平衡，因此，它是一种协调性发展的模式，而这恰恰是双重结构理论的核心思想所在。

要同时实现减少不平等和推动可持续发展的目标，需要掌握好平衡。① 可持续发展是人与自然的和谐发展，因此，需要从制度层面和空间层面来进行平衡发展。在制度层面，则是从社会制度的设计、改革和完善的角度，不断调整社会关系，使其更加符合可持续发展的要求，符合可持续发展的社会生产力发展的要求。这个过程，就是制度创新的过程。当然，生态环境具有明显的空间特征，社会资源的分布也存在明显的空间异质性以及空间自相

① World Bank, *Equity and Development* (Washington, DC: World Bank/New York: and Oxford University Press, 2006).

关性，所以要减少不平等，就需要通过优化空间布局和配置的方式，减少城乡之间以及地区之间的差距，减少地区内部的各种社会差距，如此才能有效提高社会的公平程度。这里面，就有个制度和空间的匹配问题。对于特定的空间而言，减少不平等的政策与制度以及相关的举措，不能矫枉过正，而是需要因地制宜。只有当制度与空间相匹配时，人的发展和生态环境的发展才能和谐，社会才能可持续发展。中国一方面通过在特定地区进行制度创新试点，建立了经济技术开发区、保税区、高新技术产业开发区、国家旅游度假区等实行国家特定优惠政策的各类开发区；另一方面，通过实施如京津冀、长三角、珠三角等跨区域的一体化举措，促进社会资源在跨区域之间的优化配置和自由流动，实现资源配置的均等性，提高社会的公平性。这些做法，都是从制度和空间两方面同时着手进行规划和设计的，是社会可持续发展的重要途径。

一　双重结构论

在减少不平等的征程上，中国逐渐积累了宝贵的经验，并形成了理论。制度和空间双重结构协调发展的思想，最初是在研究机会均等与公平的基础上开始出现的。顾佳峰在 2007 年研究公共教育财政资源配置的过程中，发现为了达到教育机会公平和均等的目的，中国政府在分配教育资源和促进经济发展上强调区域均衡和教育机会均等的原则，并获得了良好的成效。[①] 2010 年，顾佳峰在关于教育资源配置的研究中，进一步阐述了这种可持续发展

---

① 顾佳峰：《中国教育支出与经济增长的空间实证分析》，《教育与经济》2007 年第 1 期，第 29~33 页。

的思想。[①] 2015 年,马玉娜和顾佳峰在中国养老资源分配的研究中
发现,为实现所有人都平等地获得社会保障的机会,社会保障资
源的分配兼顾了制度和空间上的平衡。在这个研究中,作者系统
论证了制度结构和空间结构对实现机会均等和减少不平等的重要
影响及其作用机制,并提出了"双重结构论"。[②] 所谓的制度与空
间的双重结构论,就是如图 5-1 所示的,制度结构和空间结构交
互作用,最终实现均衡而可持续的发展模式。这个理论的提出有
其特定的背景。1992 年以来,中国提出和实施可持续发展战略,
坚持效率和公平兼顾的发展模式,因地制宜地制定和完善各项制
度,尽可能减少不平等现象,在经济和社会各项事业取得了突飞

图 5-1 制度和空间的二重结构动态

① 顾佳峰:《中国教育资源非均衡配置研究——空间计量分析》,光明日报出版
    社,2010。
② 马玉娜、顾佳峰:《县际公共养老福利资源配置研究——兼论空间与制度结构
    的影响》,《社会学研究》2015 年第 3 期,第 146~169 页。

猛进发展的同时，努力使地区之间的差距以及社会人群之间的差距缩小。随着人民温饱问题的解决，生活水平普遍提高，绝对贫困人口大幅度下降，教育普及程度显著提高，社会保障制度不断完善，中国社会公平的实现程度也大幅提高。

制度设计与创新，对于可持续发展而言，具有重要作用。美国著名经济学家道格拉斯·诺斯强调，制度是一个社会的游戏规则，更规范地说，它们是针对人们的相互关系而人为设定的一些制约。[①] 在制度创新中，中国根据国情采用了"摸着石头过河"的方式，这是一种试错的方式。这种制度创新方法，由于没有现成的经验可以借鉴，成本比较高，失败的概率也比较大。随着中国在可持续发展上的经验越来越多，在制度创新上就升级到了"顶层设计"阶段，政府根据所掌握的信息与数据，从顶层开始为可持续发展制定有效的发展战略，从全局来统筹安排可持续发展的各项工作。这种制度创新方式，因为高瞻远瞩而为可持续发展指明了战略发展方向，因此可以有效减少试错的成本，减少可持续发展推进过程中的阻力。在公共社会资源的配置上，当制度创新和空间优化布局有机结合起来时，可持续发展的效果就会越发明显，社会就会日趋和谐，社会的公平性也会比较高。[②]

1992 年以来中国可持续发展战略的启动和实施，实际上是一个由国家、个人和社会团体共同推动的系统性制度创新过程，而中国在减少社会不平等方面获得了长足的进步。尤为重要的是，在中国

---

① 〔美〕道格拉斯·诺斯：《制度、制度变迁和经济绩效》，刘守英译，上海三联书店，1994。

② Jiafeng Gu, "Harmonious Expansion of China's Higher Education: A New Growth Pattern," *Higher Education* 63 (2012): 513–528.

这样一个幅员广阔、自然资源和人力资源空间分布明显不均、市场发育并不完善、地区以及城乡之间发展差异还很明显的社会中，中央政府鼓励地方和个人及社会因地制宜地进行制度创新。在个人层面，通过鼓励个人进行创业，让一部分人先富起来，再带动其他人发家致富。通过这种方式，越来越多的人走出了贫困，实现了共同富裕。在社会团体层面，通过鼓励企事业单位的改革和转型进行收入制度上的各项创新，使得收入分配更加合理和公平。在国家层面，通过在收入分配制度上的顶层设计，规范分配体制，合理调整利益格局，尽可能地缩小收入差距。实现避免中等收入陷阱和缩小收入差距的目标，只有通过改革的手段才能够达到。① 改革就是制度创新。这些政策和制度的创新，往往是与地理空间相结合，因地制宜地进行的。也就是说，中国在制度创新的同时，还通过积极有效的空间布局的调整与优化，缩小地区之间的差距，推动跨地区合作、产业地区布局的优化、公共社会资源地区均等化等各项举措，来提升地区之间的协调发展能力，进而实现全局上的可持续发展目标。

如图 5-1 所示，制度创新和空间优化之间，并非是彼此割裂的，而是互相作用与关联的，二者形成了辩证的统一，其关系是一种动态协调的关系。也就是说，中国在减少包括经济不平等在内的各种不平等时，采用的是系统的、辩证的和动态的应对策略。例如，在减少经济不平等方面，中国不仅进行收入分配制度的创新与调整，而且进行地区间经济结构的调整和优化，并落实各项地区之间的转移支付和互帮互助。针对特定的地区，还要因地制

---

① 蔡昉、王美艳：《中国面对的收入差距现实与中等收入陷阱风险》，《中国人民大学学报》2014 年第 3 期，第 2~7 页。

宜地进行有针对性的制度创新。所以，制度和空间是互为依存、互相影响和作用的，中国在进行减少不平等的行动中，充分利用了制度和空间的辩证关系，对各种社会不平等现象进行了辩证应对。这是一种减少和消除社会不平等的辩证方法，体现了整体性和个体性、全局性和局部性的统一。社会不平等有多种多样，既有经济收入上的不平等，又有社会、机会上的不平等，所以，需要根据具体特定的不平等类型及其特征进行有针对性的应对。同时，这些社会不平等现象又会因为所处地区及其环境的不同而有所不同，因此，需要因地制宜地进行应对才能获得好的成效。这种制度和空间辩证统一的方法，使得中国能够在减少不平等上处于积极主动的地位，也取得了丰硕的成果。

二　制度创新与完善

无论是经济不平等还是社会不平等，都有其背后制度上的原因。因此，要减少不平等，就需要不断从制度创新和改革入手，不断完善确保平等和公平的各项制度建设，从制度上来保障社会可持续发展。中国在这方面进行了一系列系统性的制度变迁，旨在通过制度创新来实现社会平等的目标。在收入平等方面，自1992年中国实施可持续发展战略以来，调节收入分配的政策和制度不断得到完善和发展。从制度层面说，在坚持和完善按劳分配为主体、多种分配方式并存的分配制度的前提下，进行了深入而系统的制度创新，健全和完善了劳动、资本、技术、管理等生产要素按贡献参与分配的制度。国家"十一五"规划更是明确地提出要加大收入分配调节的力度，提出要更加注重社会公平，加快推进收入分配制度改革，规范个人收入分配秩序，强化对分配结果的监管，努力缓解行业、地区和社会成员间收入分配差距扩大的趋势。在"十一五"期间，中国在收入分配上的制度创新和改革的力度大，效果也是比较明显的。如图5-2所示，在"十一五"初期，2007~2008年，基尼系数出现显著上升的现象，这是改革所不可避免的代价和阵痛。2008年，中国基尼系数达到0.491的高位。在接下来的年份中，收入分配改革的效应逐渐体现出来。从2009年开始，中国基尼系数呈现持续下降的趋势。到了2015年，下降到0.462，这是近12年的最低点。这些政策和制度的设计与完善，在一定意义上，实现了结果上的公平。

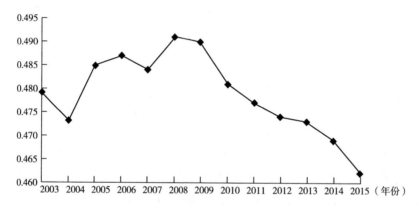

图5-2　2003~2015年中国的基尼系数
数据来源：中国统计局官网。

罗尔斯指出："正义是社会制度的首要价值，正像真理是思想体系的首要价值一样。……同样，某些法律和制度，不管它们如何有效率和有条理，只要它们不正义，就必须加以改造或废除。"[①] 在缩小经济差距的同时，中国积极进行制度设计和创新，改革那

---

① 〔美〕约翰·罗尔斯：《正义论》，何怀宏等译，中国社会科学出版社，2009，第3页。

些陈规陋俗以及已经过时的各项制度，不断强化起点公平和过程公平。所谓的起点公平，是指人们在占有生产资料和社会资源方面的公平性。起点不公平是造成社会贫富差距加大、收入不平等以及社会不和谐的一个很重要因素，不利于社会的可持续发展。中国以起点公平为重要的政策和制度设计的支点，大力促进教育公平和平等接受教育的机会，合理配置教育、医疗卫生以及各种公共社会资源，使之重点向农村、边远、贫困、民族地区倾斜，并提高对家庭经济困难学生的资助水平，积极推动农民工等社会弱势群体及其家庭子女平等接受教育。这些政策和制度尽可能地确保所有家庭背景的儿童在起跑线上都处于机会平等的地位，而不是一开始就出现差距和不平等的情形。在具体制度设计和创新上，尽可能充分考虑到"老少边穷"地区的实际情况，针对这些地区相对落后的经济与社会情况，给予政策倾斜和补助，给他们创造一个相对公平的竞争环境。

过程公平也就是规则公正。过程公平是结果公平的前提，没有过程的公平就不会有真正意义上的结果公平。在实际中生活，起点公平、过程公平和结果公平是互相依存、彼此联系着的，是彼此不可分割的。起点公平除了强调儿童阶段的公平发展的机会之外，还需要保障就业公平，即进入劳动力市场时的起点公平。在这方面，中国积极完善就业准入制度和职业标准，坚决反对和禁止任何就业歧视的行为，确保在劳动力市场上的公平竞争机会。在具体实施上，程序公平强调所有人都有公平地进入市场的机会以及有公平的就业机会。为了确保程序公平，中国制定和颁布了一系列法令与法规，并且确保这些法令法规在实施过程中的透明性和公正性。随着《劳动法》、《妇女权益保障法》、《残疾人保障

法》和《就业促进法》的出台及完善，在制度上为能够保障所有
人的程序公平迈出了重要的步伐。在执行过程中，政府不断完善
法制建设，利用法律、法规的手段进一步加大对就业歧视施加者
的惩罚力度，对可能的歧视行为施加警示、震慑作用。在这个过
程中，政府同时加强对社会弱势群体的法律以及其他方面的援助，
强化自身在推进社会弱势群体平等参与社会生活上的责任，实现
法律援助制度与社会保险、社会救助、税收财政等制度的衔接与
配合。

三 空间均衡与优化

要实现可持续发展，就需要尽可能地减少地区之间的差距，
使得地区之间能够协调发展。但是，由于各地在自然资源禀赋、
人力资源存量和质量等方面存在着差异，再加上历史上的发展原
因，各地之间存在显著的经济与社会发展差距。在一定时期，这
种地区间的差距甚至出现扩大的迹象，不利于整体经济与社会的
可持续发展。因此，优化经济发展空间格局，努力缩小地区经济
与社会发展差距，始终是中国可持续发展战略的重要目标。在具
体举措上，中国政府在制定一系列缩小地区经济差距的宏观政策
的同时，不断增强市场的配置作用，用"无形的手"来发挥不同
地区的比较优势以进行资源优化配置，从而提高了自然资源和人
力资源的使用效率。同时，不断拓展经济落后地区与经济发达地
区之间、中西部地区和东部沿海地区之间以及国内不同地区与国
际社会和国际市场之间的互动渠道，改变过去劳动、原材料等要
素由落后地区向发达地区单向输出的格局，实现生产要素的双向
跨地区甚至跨国界的自由流动，充分实现资源在全国范围内乃至

全世界范围内的优化配置。当前"京津冀""长江经济带"等区域发展战略，以及在新起点上深入实施西部大开发等多个区域发展的规划，将对缩小中西部地区和东部沿海地区之间的经济与社会差距、全面提高中国经济整体的发展质量产生重要的推动作用。中国实施的"一带一路"战略，更是把西部大开发战略延伸到国际范围，是覆盖到包括中亚、东南亚、南亚、西亚乃至欧洲部分区域在内的空间大格局的资源优化配置。这种空间大格局上的资源优化配置，使得中国成为东牵亚太经济圈、西系欧洲经济圈的具有枢纽地位的经济体，不仅有助于加快中西部地区的开放与发展，而且还有助于"一带一路"沿线国家和地区的经济发展。

在空间布局和优化上，中国强调层次感和立体性，有步骤、系统性地来进行发展和开发，逐步缩小地区之间的差距，最终实现经济与社会的协调与可持续发展。事实上，"一带一路"战略并非是一朝一夕形成的，而是有相当长的准备时间。早在国家"十一五"规划纲要中，就首次提出推进形成主体功能区，按照区域的主体功能定位来调整完善分类政策和绩效评价，规范空间开发秩序，形成合理的空间开发结构。划分主体功能区主要应考虑自然生态状况、水土资源承载能力、区位特征、环境容量、现有开发密度、经济结构特征、人口集聚状况、参与国际分工的程度等多种因素。可见，国际分工的程度是划分主体功能区的重要标准之一，也是开发主体功能区的重要战略举措之一。主体功能区规划是中国第一次颁布实施的中长期国土开发总体规划，立足于构筑中国长远的、可持续的发展蓝图，是落实可持续发展战略的重要步骤。在推出主体功能区战略时，中国已经从国际大格局来思考和优化国内的空间布局，从国际产业分工的角度来优化布局国内的资源和促进不同特征地区的发展。在此基础上，推出"一带一路"战略是自然而然的事情。这是在国际大空间尺度和国内空间尺度下同时进行优化布局和资源合理配置的发展战略，是中国自身可持续发展带动"一带一路"沿线国家共同可持续发展的必然结果。

实施主体功能区规划是可持续发展的重要保障。在保护良好生态环境的前提下，因地制宜地划分不同类型的主体功能区，确定主体功能区的定位和可持续发展政策及其步骤，既是不断缩小地区之间的发展差距、不断实现经济与社会协调发展的要求，也是造福子孙、坚持可持续发展的战略选择。主体功能区规划强调地区间资源能源禀赋差异及其节约利用的重要性，在保护资源和生态环境的前提下，充分发挥地区内的资源优势，发挥本地的比较优势，提高资源开发和利用的效率，确保本地长期可持续发展。这种发展模式，突出了地区之间环境、自然生态、资源、经济发展模式、社会人口等的多样性，着力于地区自主创新和地区之间的互为补充，为生产力不平衡结构下的地区可持续发展指明了新的方向。主体功能区政策自实施以来，在一定程度上，缓解了地区差距的进一步扩大，使得中国经济社会在可持续发展上进入了一个新的历史阶段。主体功能区政策的实施，因为能够发挥各地区的资源优势，形成了各具特色、功能互补的区域分工格局，促进了资源和要素在国土空间上的优化配置，提高了各类资源的投入产出效率。所以，这一政策有利于逐步缩小地区之间生活水平和福利水平的差距，推动发展成果的共享，让各地区居民公平地享有发展成果，让社会公平更有保障。

四　理念与实效

现代西方社会对社会公平的思考，主要集中在机会公平、结果公平和过程公平上。但是，西方的社会公平观都有其内在的矛盾性，西方社会内部的不公平现象并未从根本上获得改善。中国在长期的转型和发展过程中，借鉴和吸收西方社会关于社会公平的精华思想，并将其与中国的国情紧密结合起来，形成了中国特色的社会公平观。在中国政府的决策中，有一个基本理念，就是要努力克服社会差距过大，实现社会和谐发展，最终实现社会的公平与正义。早在1992年，邓小平同志就指出："如果富的愈来愈富，穷的愈来愈穷，两极分化就会产生，而社会主义制度就应该而且能够避免两极分化。"2005年，胡锦涛指出："公平正义，就是社会各方面的利益关系得到妥善协调，人民内部矛盾和其他社会矛盾得到正确处理，社会公平和正义得到切实维护和实现。"中共十八大报告对社会公平有大段的论述，提出了"必须坚持维护社会公平正义""公平正义是中国特色社会主义的内在要求"等重要的思想，要"加紧建设对保障社会公平正义具有重大作用的制度，逐步建立以权利公平、机会公平、规则公平为主要内容的社会保障体系，努力营造公平的社会环境，保证人民平等参与、平等发展权利"。2016年4月，习近平主持召开中央全面深化改革领导小组第二十三次会议并发表重要讲话。他强调说："改革既要往有利于增添发展新动力方向前进，也要往有利于维护社会公平正义方向前进，注重从体制机制创新上推进供给侧结构性改革，着力解决制约经济社会发展的体制机制问题；把以人民为中心的发展思想体现在经济社会发展各个环节，做到老百姓关心什么、期盼什么，改革就要抓住什么、推进什么，通过改革给人民群众带来更多获得感。"中国政府的领导人从战略高度，持续关注和重视社会公平问题，把社会公平和民生问题结合起来，以发展的眼光来促进社会公平，以提高社会公平的方式来为社会发展提供持续动力。这是一种动态发展的社会公平观，这种动态而辩证的社会公平观，要比西方的静态的社会公平观更加切合社会实际情况。

中国从动态发展的角度来实施社会公平的各项政策，更容易将其和社会可持续发展结合起来。尽管在一定时期、一定范围内存在社会差距，甚至这种差距有加大的趋势，但是，从全局和整体来看，中国努力减少不平等的施政方向是不变的，而且从长远来看，社会整体不平等得到了有效的控制。在具体施政举措上，中国政府采用制度改革和空间优化并行的"双重结构"驱动的方式，积极为提高社会公平程度提供条件。在制度上，中国在坚持生产资料公有制为主体的社会主义政治经济秩序的前提下，在政府宏观调控下积极发挥市场配置资源的基础性作用，中国社会主义市场经济模式为破解社会不平等这一难题提供了基本制度环境。2013 年，《中共中央关于全面深化改革若干重大问题的决定》强调："面对未来，要破解发展面临的各种难题，化解来自各方面的风险和挑战，更好发挥中国特色社会主义制度优势，推动经济社会持续健康发展，除了深化改革开放，别无他途。"随之而来的制度改革和创新，更是令世界震惊。整个改革涉及 60 个方面任务、336 项具体改革措施，经济、政治、文化、社会、生态文明、国防和军队、党的建设均在其中。如此系统性的制度改革和创新，为社会的可持续发展提供了重要的制度保障。与此同时，国家积极通过空间布局的优化政策，引导资源在地区之间合理流动和优化配置，缩小地区之间的差距。2013年9月和10月，习近平先后提出"一带一路"战略构想，打开筑梦空间，构筑了新一轮对外开放的"一体两翼"发展的新思路，以促进中西部地区和沿边地区对外开放，推动东部沿海地区开放型经济率先转型升级，进而形成海陆统筹、东西互济、地区协调、面向全球的开放新格局。这是一种国际化视野下的中国空间发展优化战略，是制度和空间互相匹配的和谐发展道路。

　　中国在追求社会公平上所投入的努力，获得了国际上的肯定。哈佛大学社会学家怀默霆教授长期研究中国的社会公平问题，从2000年开始，对当时居住在北京的757名居民进行了问卷调查和采访。2004年，由他领衔的中外专家团队启动了第一次全国范围的大规模统计，一共对中国23个省市的3267名城乡居民进行了调查和采访，并在此基础上于2010年出版了《社会火山之谜：解读当代中国不平等与分配不公》一书。[①] 通过数据研究，他发现中国人认为收入分配差距是可以接受的，而且是正面的；无论是与美日等发达国家，还是与转型国家相比，中国人在这一问题上都更加乐观，对市场经济也更加充满信心。2009年，他又进行了一次全国性跟踪调查，在22个省完成了2967个调查统计。调查结果发现，尽管经历了全球经济危机，中国人的乐观心态并没有改变。比如在2009年，75.4%的被调查者认为他们的生活水平较于五年前有所提高。[②] 这类独立学术研究的结果，相对客观，能够如实反

---

① Martin Whyte, *Myth of the Social Volcano: Perceptions of Inequality and Distributive Injustice in Contemporary China* (Stanford University Press, 2010).

② Whyte Whyte, Im D-K., "Is the Social Volcano Still Dormant? Trends in Chinese Attitudes toward Inequality," *Social Science Research* 48 (2014): 62 – 76.

映中国社会的现状。

五 问题与挑战

当然，中国当前也依然面临着一系列的问题和挑战，社会差距依然很明显，社会公平还需要进一步通过改革和发展来予以保障。国家统计局于 2016 年 1 月公布的数据显示，2015 年中国居民收入基尼系数为 0.462。尽管这个数据创 12 年来最低纪录，但是，依然超过国际公认的贫富差距警戒线（0.4）。这说明，中国政府和社会各界的努力，尽管减少了社会收入差距，但是，挑战依然严峻。国家卫生和计划生育委员会公布的《中国家庭发展报告 2015》显示，收入最高 20% 家庭的收入是最低 20% 家庭的 19 倍。这两个数据都表明，中国社会的收入差距依然明显，减少社会差距、提高社会公平程度依然是当前中国不可忽略的社会问题。从国际上来看，中国收入不平等的程度很高，不仅高于美国，还高于其他生活水平较高的可类比的国家，其中中国的城乡差距和地区之间差距尤其明显。① 这些问题，都是中国在当前和未来一段时期内迫切需要解决的问题，也是广大老百姓非常关心的问题。

为了从根本上解决这些难题，中国政府出台了一系列政策，取得了一些成效，但是这些政策也存在一定的局限性。主要的问题不是在施政理念上，而是在执行上。一些很好的政策，由于在执行过程中无法得到有力贯彻，往往出现走样变形的情形，很难达成预期的效果。例如，国家顶层设计的"精准扶贫"政策，是

---

① Xie Yu, Zhou Xiang, "Income Inequality in Today's China," *Proceeding of the National Academy of Sciences of United States of America* 111 (2014): 6928 – 6933.

帮助社会弱势群体脱离贫困、提高其经济收入的重要举措，是一项符合中国国情的重要制度创新，也是广大发展中国家应予以重点关注和学习的政策。但是，在具体实施过程中，却存在一些问题。比如，一些地方拿到扶贫款项，就挪作他用，去大修马路、建设行政楼等，而并非真正帮助贫困家庭。这种搞形式主义和政绩工程的做法，在一些贫困县依然存在。有些县居然因为保住了"贫困县"的头衔而欢呼雀跃。习近平曾强调说"精准扶贫要扶到点上、根上"。但是，一些地方的形式主义做法依然存在，让顶层设计的政策的实际效力大打折扣。此外，有些地方在执行政策上，往往会走入机械主义的陷阱。对于中央制定的"精准扶贫"目标，有些地方则急于求成，希望提前完成任务。但是，扫除贫困是个攻坚战，不是速决战，急于求成往往欲速则不达，会出现劳民伤财、事倍功半的情况。对此，习近平专门强调说"脱贫时间不能搞层层加码"。

减少社会不平等，是一项长期的任务。世界各国的经验表明，这项任务不可能在短期就完成。西方社会自工业革命以来，不断完善其社会福利制度，高举民主与平等的大旗，向社会不平等宣战。其中，包括马丁·路德·金在内的一大批仁者志士，甚至为之牺牲了性命。但是，迄今为止，西方社会的不平等现象依然严重。新中国在一穷二白的基础上开展建设，发展至今也不到70年。改革开放以后，中国经济与社会的发展举世瞩目。在这个过程中，社会贫富分化的问题日趋严峻。当前，中国已经是世界第二大经济体。这个经济体量，为解决社会不平等问题提供了基础，但是，这并不意味着能够轻松解决这个问题。在减少不平等问题上，中国政府要警惕冒进主义，不能急于求成，不能希望在短时间内根除不平等问题。相反，应当尊重事物发展的客观规律，有计划、有步骤地推进这项工作，逐步减少社会不平等，如此才能更好地实现社会公平与正义。

第二节　中国经验的国际意义

改革开放以后，中国采用"摸着石头过河"的方式，探索着经济和社会发展的道路，经济增长速度喜人，但是也遇到了一系列新问题，有经验也有教训。随着中国工业化的发展，经济高速增长，但同时也出现了负面效应，如社会发展相对滞后、人口素质不高、资源承载力降低、环境污染加重、自然资源过度消耗、社会贫富分化日趋显著、城乡之间以及地区之间发展不平衡等。这些情况的出现表明了一个事实：如果社会、经济、地区和生态问题不相协调，单方面的经济增长不可能具有可持续性。经济发展应该首先考虑人的因素，要充分考虑当代人和下代人之间的协调关系，并要与全面、持续、和谐的发展，人民生活质量，自然资源、周围环境以及地区间均衡协调发展相适应。因此，中国积极探索出了一条经济与社会、人口与资源、环境协调且可持续发展的新路。中国在国际上的地位也变得更加重要，以至于需要重新定位。① 自 1992 年联合国环境发展大会后，世界各国都把可持续发展作为国家发展战略的重要指导原则。1994 年，中国政府制定了《中国 21 世纪议程》，确立了中国 21 世纪可持续发展的战略框架。在这个战略框架的指导下，中国不断在经济、社会、生态方面

---

① Dilip K. Das, "Repositioning the Chinese Economy on the Global Economic Stage," *International Review of Economics* 55 (2008): 401 - 417.

进行可持续发展研究与实验，减少和消除不可持续的生产和消费方式，减少和消除各种各样的不平等，逐步改善生态环境质量，控制污染物排放，节约和保护资源，提高资源利用率和综合利用水平，取得了世界公认的成就。中国在实施可持续发展战略的过程中缩小和消除社会不平等以解决国内、国际矛盾的经验，不仅为发展中国家做出了榜样，而且为中国与国际的合作提供了广阔的空间，可以成为消除发达的北半球与落后的发展中的南半球之间差距的重要基础。

中国在推进全球可持续发展方面，向来是积极主动的，努力向国际社会分享本国的经验，为减少国际不平等而承担应尽的责任，做出应有的贡献。在实施千年发展目标上，中国的成绩获得了国际的认可和高度肯定。如联合国与中国政府联合完成的报告《中国实施千年发展目标报告（2000—2015 年）》所示，中国在落实和完成千年发展目标上所获得的成就有目共睹。从千年发展目标（MDGs）到可持续发展目标（SDGs），不仅是目标数量的增加，而且是全球范围内可持续发展的深度和系统性的进一步提升，是全球可持续发展的又一个重大飞跃。[1] 要成功实现这一重大飞跃，需要国际社会和世界各国共同努力，进一步加深合作与交流，共同推动国家之间的互助与支持，实现经验的分享和资源在全球范围内的优化配置，减少国家内部以及国与国之间的不平等。[2] 在这方面，中国的经验很有价值。

---

[1] D. S. Jeffrey, "From Millennium Development Goals to Sustainable Development Goals," *The Lancet* 379 (2012): 2206 – 2211.

[2] Ved P. Nanda, "Journey from the Millennium Development Goals to the Sustainable Development Goals," *Denver Journal of International Law and Policy* 44 (2015): 389.

　　事实上，在这个飞跃过程中，中国的反应很快。中国政府曾多次强调，2016 年是可持续发展目标实施的第一年，因此，世界各国应该早点动手以确保这项国际活动有个良好的开局。2015 年 9 月，联合国 193 个会员国刚通过《改变我们的世界：2030 年可持续发展议程》的 17 项可持续发展目标，中国科学院研究员吕永龙就马上在 Nature 上发文，总结中国的经验，提出和阐述实现 2030 年可持续发展议程各项目标的五个优先事项，分别是：设计指标（devise metrics）、建立监督机制（establish monitoring mechanisms）、评估进度（evaluate progress）、加强基础设施建设（enhance infrastructure）以及数据的标准化和校验（standardize and verify data）。[①]这套方法基本上是中国实施可持续发展战略以来从实践中总结和提炼出来的方法，是一套科学而行之有效的方法。中国科学界如此快速地对"2030 年可持续发展议程"做出积极响应，从另一个方面体现了中国在这个国际议题上的积极与主动。

一　为全球可持续发展提供新动力

　　全球化的深入发展，在推动世界经济增长的同时，也引发了全球性的问题，需要国际社会和世界各国携手共同去面对和化解。所以，当前及未来全球最大的挑战之一就是实现世界范围内的可持续发展。作为发展中国家，中国也面临同样的任务。在当前经济总体增长缓慢、南北差距依然很明显、世界贫富分化有加剧的迹象、不公平现象在世界上有蔓延趋势的情况下，中国在可持续

---

① Y. Lu, N. Nakicenovic, M. Visbeck, and A. S. Stevance, "Five Priorities for the UN Sustainable Development Goals," Nature 520 (2015): 432–433.

发展上迈出了新的步伐，在确保经济平稳增长的同时，控制和减少了各种社会不平等的存在以尽可能最大限度地保障每个人的机会均等。同时，通过调整结构与空间布局来优化经济产业的发展模式，缩小地区之间的差距，实现地区间的协调可持续发展。鉴于中国发展的良好态势，有学者指出 21 世纪是"中国世纪"（The Chinese Century）[①] 当然，中国对全球可持续发展的贡献，不只是单纯地推动了世界经济的发展，同时更为全球可持续发展注入了新动力。中国可持续发展是"一个民族对自身发展的审慎选择；一个时代对自然环境的整体关怀；一个国家对全球思考的伟大贡献"[②]，因此，它既是服务中国自身发展的需要，也是服务全世界可持续发展的需要，是全球可持续发展的重要组成部分。1994 年，中国在世界上率先将可持续发展作为国家的发展战略，并在经济发展、社会公平、文明进步、生态建设、环境保护等各个领域予以落实，积累了大量的经验。这些不可多得的经验，可以转化为推动全球可持续发展的动力，帮助更多的国家避免和规避各种可能的陷阱而更好地实现可持续发展。

习近平曾经强调说"打铁还要自身硬"。从全球可持续发展的角度来理解这句话，其意思是若想要为全球可持续发展做贡献，首先自己的可持续发展要做得好。中国自身在可持续发展方面所取得的长足进步，无疑是对世界可持续发展最大的贡献。作为世

---

① O. Shenkar, *The Chinese Century: The Tising Chinese Economy and Its Impact on the Global Economy, the Balance of Power, and Your Job* (Wharton School Publishing, 2005).

② 路甬祥、牛文元：《21 世纪中国面临的 12 大挑战》，世界知识出版社，2001，第 7 页。

界上人口最多的发展中大国，中国自身的可持续发展面临的挑战和阻力是巨大的。但是，自 1994 年以来，中国在消除贫困与饥饿、普及初等教育、减少不平等、提升社会公平、保障妇幼健康、疾病防控、环境保护等方面取得了显著进展，所取得的成绩有目共睹。中国统计局的统计数据显示，中国的 GDP 从 1994 年的 48460 亿元增加到 2015 年的 676708 亿元，经济总量稳步增长，至今中国已经是世界第二大经济体。中国除了通过收入分配体制改革来缩小社会差距外，还通过教育资源均等化举措，不断提升教育机会的公平性，以最终增加劳动者在市场中的平等竞争机会。在教育的机会公平上，历年的《全国教育事业发展统计公报》数据显示，小学学龄儿童入学率从 1994 年的 98.4% 上升到 2015 年的 99.79%，基本上能够保障所有适龄儿童接受教育的权利。在教育上，也做到了性别平等。1994 年，男女儿童入学率分别为 99.0% 和 97.7%，男童入学率高于女童入学率 1.3 个百分点。2015 年，男女儿童入学率分别为 99.78% 和 99.80%，两者仅相差 0.02 个百分点，已经非常接近。从动态上看，中国政府采取的种种措施，有力地促进了包括提升教育机会均等在内的各项旨在减少社会不平等的目标的实现，中国社会整体上呈现了平等化趋势。

要消除社会中的贫富分化，首先需要消除贫困。当社会存在相当数量的贫困人口时，就连社会稳定都很难确保，更何况是可持续发展。中国始终把消除贫困作为可持续发展的重要组成部分，坚持不懈地通过各种扶贫措施来帮助贫困者脱离贫困。从 2014 年开始，中国将每年的 10 月 17 日设立为"扶贫日"。2014 年 10 月 14 日，国务院扶贫办副主任郑文凯在国新办新闻发布会上发布了一组数据：按照中国扶贫标准，1978～2010 年累计减少了 2.5 亿贫困人口；参考国际扶贫标准，中国共减少了6.6亿贫困人口，全球贫困人口数量减少的成就93.3%来自中国。在扶贫的举措上，中国不断提高扶贫的精准度，增强扶贫的效果，进入了"精准扶贫"的阶段。在这个阶段，扶贫在精细上做大文章，针对不同贫困区域环境、不同贫困农户状况，运用科学有效程序对扶贫对象实施精确识别、精确帮扶、精确管理的治贫与扶贫。总体而言，自实施可持续发展战略以来，中国立足自身国情，走出了一条中国特色的可持续发展道路。中国的可持续发展不仅增进了13亿多中国人的福祉，而且有力促进了全球可持续发展事业。扫除贫困，是世界各国以及国际社会共同的责任和使命，是一种国际共识。①毫无疑问，要实现《改变我们的世界：2030年可持续发展议程》中的17个可持续发展目标，中国的进度对于全球而言具有举足轻重的地位。

二　为全球可持续发展提供支持

2015年12月，联合国开发计划署发布的《2015人类发展报告》指出，尽管南方国家在经济与社会上都有一定的发展，但是许多发展中国家依然面临经济发展缓慢、收入差距不断扩大、社会发展不公、绝对贫困人口众多、全球竞争力低下、科学技术教育落后、医疗条件恶劣、环境恶化等严重问题。要实现全球可持续发展，需要南北对话与合作，需要发达国家加大对广大发展中国家的援助力度。西方国家为发展中国家提供了大量援助，而且

---

① World Bank, *World Development Report: Attacking Poverty* (Washington, DC: World Bank, 2000).

总体上来看，每年援助的净额呈现上升的趋势，为发展中国家的发展做出了贡献。但是，由于西方的发展援助一般会附加比较苛刻的政治、经济条件，而且西方援助在地理分布上很不均衡，因此，对于全球可持续发展而言，西方发展援助的整体效果并不明显。相对而言，根据全球和国内的可持续发展的具体情况，中国适时调整了对外援助政策，加强了对外援助的合作机制建设，在强调以经济发展为导向的"硬援助"的同时，适当增加了以社会领域发展为导向的以及以促进地区之间平衡发展的"软援助"，以努力增强援助的"可持续性"和"平衡性"，积极促进国际社会的社会公正和公平发展，为全球可持续发展提供重要的支持。无论是在援助模式、援助理念上还是在援助政策上，中国都与西方国家存在很大的不同，来自中国的援助取得了显著成效，推动了全球可持续发展。

近些年来，中国对外援助的力度持续增加。根据《中国的对外援助（2011）》白皮书，截至 2009 年底，中国累计对外提供的援助金额达 2562.9 亿元人民币，其中无偿援助 1062 亿元，无息贷款 765.4 亿元，优惠贷款 735.5 亿元。根据《中国的对外援助（2014）》白皮书，仅在 2010~2012 年，中国对外援助金额就高达 893.4 亿元，相当于之前累计援助金额的 1/3。在援助的对象上，也有明显的调整。根据上述白皮书的数据整理，得到图 5-3，2009 年以后，中国对世界上最不发达国家的援助力度有了明显增强，这部分援助的比重从 39.7% 上升到了 52.1%。这些最不发达国家大多数在撒哈拉以南非洲地区，在这些国家中，贫困直接导致医疗、卫生、教育、就业等一系列问题，传染性疾病、瘟疫和婴幼儿死亡率一直无法得到有效控制。这些不仅是局部的问题，而

且已经成为全球性的问题。若无法有效改善这些国家经济与社会
的发展情况，那么，不但全球可持续发展无法实现，而且世界范
围内的贫富两极化会越来越严重。因此，中国政府加大了对这些
最不发达国家的支持与援助力度，以帮助这些国家尽早脱离贫困
的境地，走上独立自主可持续发展的道路。如此，才能有效减少
世界各国之间的不平等现象，既能够减少发达国家和发展中国家
在国际权力结构中话语权的严重不对称，也能够帮助这些不发达
国家改善其内部的性别不平等，教育不平等，健康不平等，宗教、
民族、种族不平等以及人均收入差距。

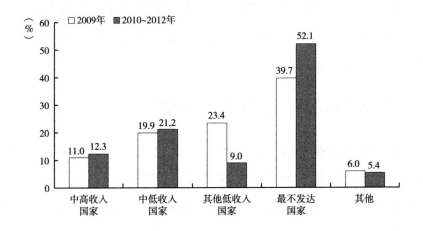

图 5 - 3　2009～2012 年中国对外援助受援国收入水平分布

　　除了资金上的援助之外，中国还通过人力资源开发合作、技
术合作、志愿者服务等方式，与其他发展中国家分享发展经验和
实用技术，帮助发展中国家培养人才，增强其自主发展的造血功
能。2015 年 10 月，习近平在"2015 减贫与发展高层论坛"上做
主旨演讲时指出，60 多年来，中国共向 166 个国家和国际组织提
供了近 4000 亿元人民币援助，派遣了 60 多万名援助人员。中国先

后 7 次宣布无条件免除重债穷国和最不发达国家对华到期政府无息贷款债务。中国积极向亚洲、非洲、拉丁美洲和加勒比地区、大洋洲的 69 个国家提供医疗援助，先后为 120 多个发展中国家落实千年发展目标提供了帮助。同时，中国积极推进"一带一路"建设，推动亚洲基础设施投资银行和金砖国家新开发银行投入运营、发挥作用，为发展中国家经济增长、民生改善和全球可持续发展贡献出了重要的力量。中国对全球可持续发展的积极举措和支持，受到了国际社会的认可和赞赏。2015 年 8 月，各国议会联盟主席萨比尔·乔杜里接受采访时强调说："中国一直在支持发展中国家，支持最不发达国家。当中国为某个非洲国家或亚洲国家提供支持时，是真心希望这个国家发展起来。中国在全球发展议程中的作用将非常重要。"

三 为全球可持续发展提供 "样板"

由于中国的基本国情和世界绝大多数发展中国家相似，因此中国的可持续发展经验对于其他发展中国家而言将非常重要，能够为它们提供新的发展思路。早在 2004 年 5 月初，英国著名智库伦敦外交政策中心（The Foreign Policy Centre）发表了美国资深经济顾问乔舒亚·库珀·雷默的《"北京共识"提供新模式》一文，文中指出："中国正在指引世界其他一些国家在有一个强大重心的世界上保护自己的生活方式和政治选择。这些国家不仅在设法弄清如何发展自己的国家，而且还想知道如何与国际秩序接轨，同时使它们能够真正实现独立。"① 该文系统阐述了"北京共识"

---

① Joshua Cooper Ramo, *The Beijing Consensus* (London Foreign Policy Centre, 2004).

(The Beijing Consensus）的重要价值和意义，引起了广泛的关注和共鸣。"北京共识"的出现，使得包括最贫困落后国家在内的世界每个国家都看到了靠自身力量走可持续发展之路而最终摆脱落后的困境从而成为一个强国的希望，为全球可持续发展提供了新思路，为缩小南北差距、加强地区之间的协调发展提供了新道路。"北京共识"有三个基本特征：（1）对改革创新和不断试验的承诺，即以积极有效的制度设计与创新来获得源源不断的可持续发展的驱动力；（2）GDP不是社会进步的唯一衡量标准，经济可持续性和财富平等分配更重要，即通过坚持不懈的减少不平等的努力去实现社会平等与公平的可持续发展目标；（3）欠发达国家对强权的牵制，即通过地区均衡发展策略实现经济与社会发展的空间优化而最终实现地区间的平衡与可持续发展。

在发展理念上，中国政府把可持续发展作为解决中国所有问题的关键，坚持将可持续发展作为第一要务。在减少不平等上，中国从整体和全局进行制度设计和创新，不仅在收入分配与再分配上进行积极主动的政策干预和引导，提高不同人群之间在经济收入上的平等程度，而且还积极在不平等的源头上下功夫，大力推广和发展教育，确保人人都有公平的接受教育的机会。教育公平是社会公平的重要基础。为了实现可持续发展目标，中国不断促进教育公平，保障每一个孩子享有接受良好教育的机会，确保全体人民共享教育改革发展的各项成果。《2015年全国教育事业发展统计公报》显示，2015年，全国小学净入学率达到99.88%，初中毛入学率达到104.00%；基本上消灭了青壮年文盲。在一个有13多亿人口的发展中国家，全面普及九年义务教育，实现完全意义上的免费义务教育，真正做到了保障每一个孩子享有接受良好教育的机会，这是世界教育发展史上伟大的历史性跨越，也是可持续发展的重要基础。在提高教育质量和确保教育公平的同时，中国还关注学生认知能力的培养以及个性特征的塑造，并不断改善家庭和社区环境，提高父母的养育能力和水平等。这是家庭教育、社会教育与学校教育三位一体的教育公平确保体制，能最大限度地确保每个人公平的教育与发展机会，有助于实现教育公平和社会公平。

中国在减少不平等进而不断向前推动社会可持续发展的探索上，重点探索建立经济社会协调运行的新机制，不断舒缓和解决不同社会人群之间、城乡之间、地区之间在发展过程中所出现的突出矛盾，控制和消除各种不平等的现象，推动各项社会事业全面、协调和可持续发展与进步。在具体实施上，中国政府通过主动引导、多方合作、舆论宣传等途径，形成了政府主导、社会各界广泛参与的推进机制，社会各界齐心协力为中国实现可持续发展的各项目标而努力。同时，中国政府高度重视依靠科技创新及其推广应用来实现消灭贫困、减少不平等的可持续发展目标。在精准扶贫以及收入分配的顶层设计过程中，基于大数据的科技获得了广泛的应用。这些新科技的创新和应用，有助于更为精准地识别社会中真正贫困的人群以及导致其贫困的原因。在这种技术与地理空间定位技术相结合后，就产生了大数据和大地图相结合的政府决策系统，能够帮助政府精准地做出对抗贫困、缩小经济差距和减少社会不平等的决策。与此同时，中国政府始终以开放的姿态推进和落实可持续发展目标，通过加强与国外政府机构、国际组织、企业、研究咨询机构、民间社会团体等的深层次、宽领域、多方式的交流与合作，共享各方的经验与教训，共同推动实现全球可持续发展目标。这一模式可以给全球可持续发展提供经验借鉴。

中国在长期的可持续发展实践中，进行了积极的探索，走出了属于自己的道路。对于国际社会而言，中国经验（China's Experience）已经成为一种响亮的名词，代表着一种务实、包容、和谐的可持续发展观。斯科特·肯尼迪（Scott Kennedy）教授曾经这样评价："尽管'北京共识'存在一些弱点，但仍然不失为一个有用的试金石，用来思考当今世界发展范式的演变。通过把中国经验和其他国家进行比较，可以识别出中国经验的最鲜明的特点，进而可以评估其对其他国家的发展以及国际关系影响的显著程度。"①值得注意的是，在这段关于"中国经验"的评价中，斯科特·肯尼迪教授用了"范式"（Padadigm）这个词，这是一个有特定含义的词，最初是由美国著名科学哲学家托马斯·库恩（Thomas Kuhn）提出并在《科学革命的结构》中系统阐述的，它指的是一个共同体成员所共享的信仰、价值、技术等的集合。这个词在学界一般用来描述重大的变革或者转变，但在此被用来形容中国发展对世界的影响力，这充分说明了中国在世界上的地位在不断上升。中国越来越成为广大发展中国家的"样板"，成为其学习和借鉴的对象。

第三节　中国经验的国际应用

在全球化成为一种趋势的时代背景下，政策学习（Policy Learning）和政策转移（Policy Transfer）已成为世界各国进行制度

---

①　Scott Kennedy, "The Myth of the Beijing Consensus," *Journal of Contemporary China* 19 (2010): 461 – 477.

创新和设计的重要途径。通过学习他国的发展经验，可以让本国在发展过程中少走弯路，也可以减少发展过程中的试错成本。因此，国家之间以及地区之间的政策学习是全球可持续发展的重要支撑机制。在这个过程中，国际社会扮演着重要的角色，通过举办各种国际会议以及信息和数据共享等方式，主动地推动国家之间的政策学习，进而推动全球可持续发展的不断深化。在推动和实施可持续发展的过程中，中国不断探索、不断开拓、不断创新，积累了宝贵的经验，走上了一条适合中国国情、符合时代特征、富有生机活力的可持续发展道路。这些宝贵的经验，对世界各国在进行可持续发展中积极应对各自的挑战具有深远的启迪作用和重要的实践指导意义。当然，各国的国情不同，在参考和借鉴中国经验的同时，不能照搬照抄，而是需要根据各国的具体情况和问题，灵活应用中国的经验。

一　正确发挥市场作用和政府作用

世界各国的市场化程度不一样。市场是通过"无形的手"来分配社会资源的，但是，会出现市场失灵的情况，导致资源配置效率的低下，加剧社会贫富分化。约瑟夫·斯蒂格利茨曾从竞争缺点、公共物品、外部效应、市场残缺、信息不足、失业膨胀、收入分配和优效物品八个方面，概括和描述了市场失灵的主要根源。中国在改革开放以后，随着经济的增长，市场化程度不断提高，老百姓的收入也显著提升。同时，伴随而来的是更为明显的贫富分化。收入差异是市场化发展的必然结果，劳动力市场通过工资的调整机制来根据劳动力所创造的市场价值而支付薪酬。因此，不同劳动者之间，势必会出现工资不同的现象。若市场是有效率的市场，那么就会有"无形的手"来调整劳动力市场的供需关系以及工资水平，使得工资差距在一定范围之内，社会也不会出现贫富两极化的现象。但是，市场一旦出现失灵的情况，经济收入的差距就会越来越大。因此，需要对市场进行合理的规范，发挥政府的宏观调控能力。政府的作用不是硬性干预市场的运行，而是引导市场机制在资源配置上发挥出更好的效果，进而在确保经济增长的同时也能够把贫富差距控制在合理范围之内。

　　在通往可持续发展的道路上，中国同时面临着转型与发展两大任务。在发展经济的同时，要实现从计划体制向市场体制的转型。所以，中国所面临的挑战很多，环境也比较复杂。在这种情况下，中国政府在合理引导市场参与资源配置的同时，积极在减少不平等、推动可持续发展中发挥主导作用。针对市场机制形成的居民收入不平等，中国政府积极将财政作为弥补市场失灵的主要手段，来实现平衡收入再分配的功能，这获得了良好的成效。在减少不平等的顶层设计上，中国政府充分考虑到低收入阶层的客观情况，制定了偏向这些人群的优惠政策，加大了转移支付的力度，提高了转移支付的"造血"功能，为实现收入的平等和社会平等提供了重要的制度保障。布坎南在"分权俱乐部"理论中提出，地区间的横向平衡应包括税收和公共服务的公平，中央政府应要求各地区提供最低标准的基本公共服务，以使地区间公共服务均等化。① 为了缩小地区之间的差距，中国政府以公平与效率的均衡为目标不断完善地区之间的转移支付机制，在实现地区财政

---

① M. B. James, A. M. Richard, *Public Finance and Public Choice*：*Two Contrasting Visions of the State*（MIT Press, 1999）．

均衡的同时，促进地区公共服务均等化，缩小地区之间的经济、社会发展差距，减少社会整体的不平等现象，以最终实现地区之间协调与可持续发展。

由于历史条件、自然资源、发展路径等的不同，世界各国的市场化程度差别很大，市场和政府在社会经济中发挥的作用也有相当的不同。对于任何一个国家而言，要减少不平等，关键在于协调好市场与政府的分工及各自的职责，使得两者都能够发挥出其应有的作用。在可持续发展的实践和探索中，中国政府在处理与市场的关系上，已经积累了宝贵的经验，值得广大发展中国家借鉴和学习。由于世界各国在市场化程度、制度设计、体制背景、实际执行、监管机制等方面存有差异，各国政府在实施包括财政措施在内的各种政策性举措来减少不平等时，会遇到不同的问题。这些问题包括转移支付目标不明确、方式复杂繁多、资金分配不够规范、转移支付均等化效应低、转移支付资金缺乏监管等。如果这些问题得不到妥善解决，财政转移支付不但无法有效减少不平等，而且还可能造成新的不平等，从而会加剧社会不平等。当前，国际范围内的生产要素和商品的自由流动、公平竞争和市场监管、市场价格的形成机制、金融市场的建设等还存在一些问题，全球可持续发展还有很长的路要走。国际社会和各国政府在推动全球可持续发展上，做出了巨大的努力，但是挑战依然很严峻。中国政府在处理与市场机制之间的关系来减少不平等上，积累了丰富的经验，对于全球可持续发展而言，具有深刻的现实意义。

二 统筹兼顾经济增长和社会发展

全球可持续发展，需要国际社会和各国政府的共同努力。对于国际社会而言，除了督促和推动发达国家帮助广大发展中国家改变贫困落后局面外，还应当积极努力协调广大发展中国家主动摆脱贫穷，在南北对话与合作的基础上努力建立更加公正合理的国际经济与社会秩序，在推动全球经济向前发展的同时，确保发展的机会均等，实现全球社会的协调发展。发达国家在帮助落后国家发展的同时，要尽可能地避免对资源的掠夺式开发，要根据这些国家的自然资源禀赋对其进行有规划、有步骤的可持续开发，如此才能获得经济增长与社会发展统筹兼顾的目标。在这方面，无论是在国际上还是在中国，都有相应的教训。在国际上，工业革命后，西方发达国家对一些落后国家的自然资源进行了长期的掠夺式开发，忽视了自然的生态价值，结果导致对自然资源的过度开发和严重的环境恶化，不仅没能使得这些落后国家变得更加富裕，反而使其生态环境受到了严重破坏，当地经济与社会发展更加艰难。中国在经济发展过程中，也曾经有类似的教训。在经济高速发展的同时，由于有些地区忽略了对生态环境和自然资源的保护，结果出现了严重的环境污染的情形，不仅不利于当前社会的协调发展，而且危及子孙后代的发展。在不断总结经验教训的基础上，中国实施了诸如主体功能区规划、发展资源高效循环利用的循环经济、建设资源节约型和环境友好型社会等措施，在实践中找到了一条可持续发展的道路，这值得国际社会和各国政府借鉴和学习。

在减少不平等、缩小国内社会差距上，国际社会和各国政府应同等重视财富创造与财富分配问题，让经济全球化的受益面扩大。国际社会在推动南北对话与合作、南南合作等机制的同时，还要大力鼓励和帮助广大发展中国家消除经济增长与社会平等的对抗性矛盾，通过经济、社会政治与文化环境统筹发展的模式，使经济增长和社会平等两者和谐统一起来，让经济增长与发展的成果能够真正惠及所有的地区、惠及社会中的所有人群，这样，才能在可持续发展中实现经济与社会的协调发展。中国在这方面的经验是"两手抓，两手都要硬"，一方面，通过"让一部分人先富起来"的方式鼓励和繁荣经济的发展，最大限度地发挥和调动广大人民群众的创造力，使得社会财富能够大量涌现，确保经济能够保持较高速度的增长；另一方面，通过发展教育、公共资源均等化等具体举措，在全社会实行起点、机会和再分配上的经济平等，逐步弱化不同社会人群之间的差别，最终实现社会公正。中国的经验表明，在可持续发展的道路上，广大发展中国家应大力发展教育事业，因为教育是推进社会公平、抑制社会贫富分化的重要途径，是使贫困者增强竞争力、摆脱自身贫困的有效手段。正如布坎南所说："教育的效力能减少而不是增加……地位的差距。从这个意义上讲，教育也起到了与转让税相同的作用。"①

要确保经济增长和社会发展的协调性，还需要有效跨越所谓的"中等收入陷阱"。2006年，世界银行首次提出了"中等收入陷阱"（Middle Income Trap）这个概念②，这引起了世界各国广泛的关注。2010年，世界银行又进一步阐述："几十年来，拉美和中东的很多经济体深陷'中等收入陷阱'而不能自拔；面对不断上升的工资成本，这些国家作为商品生产者始终挣扎在大规模和低成

---

① 〔美〕布坎南：《自由、市场与国家——20 世纪 80 年代政治经济学》，吴良健等译，经济出版社，1989，第 136 页。

② World Bank, *An East Asian Renaissance: Ideas for Economic Growth* (The World Bank Press, 2006), p. 12.

本的生产性竞争之中，不能提升价值链和开拓以知识创新产品与
服务为主的高成长市场"。① "中等收入陷阱"和社会不平等有密切
的关系。相关研究表明，20 个世纪 60 年代深陷"中等收入陷阱"
的 14 个国家在 1965 年之前的基尼系数高达 0.498，与 0.5 的警戒
线已经是高度接近，而当时成功跨越这一陷阱的国家或地区的基
尼系数则还不到 0.4。② 为能够跨越这一陷阱，中国在经济发展的
同时也重视社会公平和机会均等，在发展经济的同时，努力减少
社会不平等，获得了良好的成效。中国一方面通过深化改革，保
持经济增长活力，另一方面也采取积极的政策，将社会不平等控
制在适度的范围内。实践证明，这样的发展模式是可持续的发展模
式，也为世界上其他发展中国家顺利迈过中等收入阶段和跨越"中
等收入陷阱"积累了丰富经验，为全球可持续发展奠定了重要基础。

　　跨越"中等收入陷阱"和可持续发展之间存在着联系。若无
法成功跨越"中等收入陷阱"，那么发展会因为持续停留在"陷
阱"中而被迫中断，可持续发展就难以实现。所以，要实现可持
续发展，就必须跨越"中等收入陷阱"。正如蔡昉所指出的那样，
"随着农业剩余劳动力的减少、劳动力短缺现象的普遍化和普通劳
动者工资的持续上涨，中国经济已经超越刘易斯转折点，开始向
索洛式的新古典增长模式转变"③，在增长模式的选择上，中国就

---

① World Bank, *Robust Recovery, Rising Risks, World Bank East Asia and Pacific Economic Update 2010* (The World Bank Press, 2006), p. 27.

② 〔美〕布兰克·米兰诺维奇：《世界的分化——国家间和全球不平等的度量研究》，罗楚亮等译，北京师范大学出版社，2007。

③ 蔡昉：《"中等收入陷阱"的理论、经验与针对性》，《经济学动态》2011 年第 12 期，第 4~7 页。

具有了主动权,可以更加有效地实施可持续发展战略,确保经济与社会能够始终稳步向前发展。当然,不少发展中国家因为无法成功跨越"中等收入陷阱"而无法保持持续发展的势头,结果是,经济与社会不进反退,出现社会不稳定和经济退步的迹象。中国在推动经济增长的过程中,强调教育、文化、社会保障等社会综合发展,不仅确保了当前的良好经济增长势头,而且有利于经济的长期增长能力的建构。目前,中国正在推进供给侧结构性改革,就是一种旨在确保经济与社会可持续发展的重要举措。供给侧结构性改革,与西方发达国家的供给改革是不同的,充分体现了中国作为发展中国家的发展特色,这种模式更加有利于广大发展中国家进行学习与借鉴,更加适合广大发展中国家的可持续发展。

三 充分发挥国际协调机制的作用

要实现包括减少不平等在内的全球可持续发展目标,并非易事,在具体实现这些目标过程中会面临很多困难,特别是处于不利地位的发展中国家将既要确保经济以一定速度增长又要维护社会公平与平等,因此,这些国家会面临双重挑战。随着全球化的深入发展,减少社会不平等越来越成为一项跨越国界的活动。世界经济论坛发布的《2014 年全球风险报告》指出,未来 10 年,在对整个世界产生系统性冲击的全球性风险中,富裕人口和贫困人口之间长期存在的收入差距,是最大也是最可能发生的全球性风险。没有哪个国家的经济与社会是完全孤立存在的,它们与其他国家和国际社会时刻发生着包括贸易在内的各种联系。日益扩大的全球贫富分化,为引发国际以及地区之间的动荡和冲突埋下了伏笔。减少不平等已经是一个全球性的挑战,单个国家的行动不足以确保能够抑制国际范围内的贫富两极化趋势。即便在一个国家之内，由于本国的经济受到国际经济环境的影响，因此，单凭本国政府的努力，也往往无法有效减少不平等，贫富两极化问题依然严重。在这种情况下，需要国际社会联合起来，各个国家之间能够彼此合作与相互支持，如此才能共同来对抗全球型的贫富不均问题，才有可能真正实现全球可持续发展的目标。

　　一个不公平的机制，是不可能真正得到各国的认同的，因此，它也是无法真正能够在实践中施行的。在推动全球可持续发展的过程中，要不断减少不公平的现象，首先国际协调机制需要公平和公正。为了公平，就必须坚持把共同但有区别的责任原则作为全球可持续发展国际协调机制的基本原则。虽然世界各国存在大小、贫富、种族、地域等方面的差异，但他们对减少世界范围内的贫富差距都负有一份责任，都应该积极参加到全球平等和公平的行动中来。对于广大发展中国家而言，消除贫穷是实现社会平等的重要任务。发达国家应承担更多的责任，不仅需要通过各种举措来抑制国内的贫富分化，而且还有义务对发展中国家给予资金和技术方面的援助，为这些国家的发展提供支持和帮助，进而缩小这些国家与发达国家之间的差距，实现世界各国的协调可持续发展。减少世界范围内的不平等从而为全球可持续发展提供持续的动力，是一项全球共赢的行动，也是造福后代的举措。因此，有必要建构旨在减少不平等的国际协调机制，促进互联互通、互利共赢，共同来对抗各种不平等现象，维护世界可持续发展。在这方面，中国为国际社会做出了公认的贡献，实现了与其他国家互利共赢的发展，为全球可持续发展奠定了共同的利益基础，为减少世界范围内的不平等做出了重要的贡献。中国道路的发展也为第三世界国家提供了一条文明型、和谐型的可持续发展道路的借鉴，有利于这些国家根据自己的国情来有针对性地解决本国贫富分化扩大的问题，为经济与社会的可持续发展提供支撑。

当然，在国际社会进行协调的过程中，也要充分尊重各个国家的差异性，避免出现"一刀切"的做法。"新兴的全球化国际经济使国家自治范围变得更小，也使国家决策者不断丧失诸如利率控制和公共支出水平等关键经济管理领域的控制力。因此经济的全球化给经济管理、市场规则、已不受国家控制的生产系统带来了很多问题。"① 建立和完善全球可持续发展的国际协调机制，就是要尽可能地避免全球化过程中出现的上述问题。在实际运作过程中，各国要本着互相尊重的原则，国际社会不是去干涉各国的内政，而是去帮助各国通过内部政策和制度的完善来减少国内的不平等，进而实现本国的可持续发展，为全球可持续发展做出贡献。在这个过程中，建立起新的国际经济、金融新秩序就显得尤为重要，也是解决当前国际范围内的社会不公的关键之所在。战后初期建立的国际经济及金融机构早已不适应今天全球化的发展形势的要求，一个体现就是战后世界范围内的贫富分化在持续加剧，而原有的国际经济及金融秩序在减少不公平上显得无能为力。因此，对于能够更好地减少世界范围内的不公平现象，主要发达国家和一些重要的发展中国家负有重大责任，应和所有国家一道在平等互利的基础上开展广泛的国际合作与协调，重建国际经济及金融机构，确定其新的职能、机制及游戏规则，以建立国际经

---

① Axford Barrie, *The Global System*：*Economics*，*Politics and Culture* (St. Martin's Press，1995)，p. 102.

济、金融新秩序。在这方面，中国已经积极行动起来，不仅自己要发展与公平，而且还要和世界各国一起去追求发展与社会公平。亚洲基础建设投资银行、金砖国家新开发银行以及"一带一路"发展战略，都是中国积极倡导和推动世界各国以及地区之间在金融、投资、基础建设等方面进行彼此协调发展的重要举措，这势必会对减少全球范围的贫富差距、推动全球可持续发展做出重大贡献。

小　结

2015 年 9 月召开的联合国可持续发展峰会通过了一份由 193 个会员国共同达成的成果文件，即《改变我们的世界：2030 年可持续发展议程》，制定了全球可持续发展的 17 项可持续发展目标和 169 项具体目标，其中包括消除极端贫穷、战胜不平等和不公正。然而，世界范围内的贫富分化依然严峻，社会不平等现象依然存在，全球可持续发展依然面临着重大的挑战。作为世界上最大的发展中国家，中国在可持续发展上积累了丰富的经验。一方面，中国通过制度层面上的改革和完善，促进社会财富的公平分配，对贫困家庭实施精准扶贫，发展教育与公共卫生以及社会保障体系，不断提高公共社会资源配置的均等程度，在提高机会均等性的同时，积极推进普惠金融建设，提高家庭的可持续发展能力；另一方面，中国针对发展过程中的城乡差距、地区之间的差距，在可持续发展的规划和实施过程中，做好主体功能区规划和开发，不断优化经济产业发展的空间布局，努力实现地区之间的协调可持续发展。这两方面，就是中国可持续发展过程中的制度与空间二重结构论，旨在通过制度和空间的不断完善与优化，实现和谐与可持续发展的目标。

当然，世界各国的国情不同，具体的可持续发展途径也会存在一定的差别。中国可持续发展的经验，为世界各国的发展提供了重要的参考和借鉴，有助于世界各国在发展过程中，尽可能避免落入发展的陷阱，在社会稳定的前提下稳步推进收入分配改革，减少社会不平等程度，最终实现可持续发展的各项目标。在参考和借鉴中国经验的同时，各国要具体问题具体分析，要能够善于结合本国的实际情况，设计出适合本国的政策和制度，提高本国的社会平等程度。国际社会除了致力于帮助世界各国减少其国内不平等之外，还需要强化国际合作与交流，通过平等对话与合作的方式，来推进南北合作，从全球范围内来实现资源的优化配置，减少国与国之间的差距。当前，中国也积极通过"一带一路"战略，把积累起来的可持续发展经验与"一带一路"沿线国家分享，帮助这些国家在经济与社会发展的同时合理解决国内收入差距加大的问题，提高其国内的机会均等程度，为世界可持续发展做出贡献。从这种意义而言，中国"一带一路"战略是本国可持续发展向全球可持续发展自然延伸的结果。通过这种延伸，中国能够直接为全球可持续发展做出更大的贡献。

参考文献

中文文献

〔法〕托马斯·皮凯蒂：《21 世纪资本论》，巴曙松等译，中信出版社，2014。

〔英〕安东尼·阿特金森：《不平等，我们能做什么》，王海昉等译，中信出版社，2016。

〔美〕比尔·麦克吉本：《自然的终结》，孙晓春等译，吉林人民出版社，2000。

〔美〕布坎南：《自由、市场与国家——20 世纪 80 年代政治经济学》，吴良健等译，经济出版社，1989。

〔美〕布兰克·米兰诺维奇：《世界的分化——国家间和全球不平等的度量研究》，罗楚亮等译，北京师范大学出版社，2007。

〔美〕道格拉斯·诺斯：《制度、制度变迁和经济绩效》，刘守英译，上海三联书店，1994。

〔美〕赫伯特·马尔库塞：《单向度的人》，刘继译，上海译文出版社，2006。

〔美〕普拉哈拉德：《金字塔底层的财富》，林丹明等译，中国人民大学出版社，2005。

〔美〕约翰·罗尔斯:《正义论》,何怀宏等译,中国社会科学出版社,2009。

〔美〕约瑟夫·斯蒂格利茨:《让全球化造福全球》,雷达等译,中国人民大学出版社,2011。

〔美〕朱利安·斯图尔德:《文化变迁论》,谭卫华译,贵州人民出版社,2012。

〔英〕马克·贝磊等:《教育补习与私人教育成本》,杨慧娟等译,北京师范大学出版社,2008。

蔡昉:《如何应对"未富先老"的挑战》,《传承》2011年第3期。

蔡昉:《"中等收入陷阱"的理论、经验与针对性》,《经济学动态》2011年第12期。

蔡昉:《未富先老与中国经济增长的可持续性》,《国际经济评论》2012年第1期。

蔡昉:《二元经济作为一个发展阶段的形成过程》,《经济研究》2015年第7期。

蔡昉、王美艳:《中国面对的收入差距现实与中等收入陷阱风险》,《中国人民大学学报》2014年第3期。

曹凤岐:《建立多层次农村普惠金融体系》,《农村金融研究》2010年第10期。

顾佳峰:《中国教育支出与经济增长的空间实证分析》,《教育与经济》2007年第1期。

顾佳峰:《中国教育资源非均衡配置研究——空间计量分析》,光明日报出版社,2010。

顾佳峰:《调查机构管理:理论与实践》,人民出版社,2013。

顾佳峰：《调查机构公共关系经营与管理》，经济日报出版社，2014。

顾佳峰：《私人教育投入差距挑战教育公平》，《东方早报》2014 年 4 月 8 日，第 B07 版。

顾佳峰：《大数据时代下中国社会调查的科学新观》，《大数据》2016 年第 3 期。

李稻葵、尹兴中：《国际货币体系新架构：后金融危机时代的研究》，《金融研究》2010 年第 2 期。

李培林、张翼：《走出生活逆境的阴影——失业下岗职工再就业中的"人力资本失灵"研究》，《中国社会科学》2003 年第 5 期。

李实等：《中国收入差距究竟有多大？——对修正样本结构偏差的尝试》，《经济研究》2011 年第 4 期。

林毅夫：《发展战略、自生能力和经济收敛》，《经济学》（季刊）2001 年第 1 卷第 2 期。

林毅夫等：《中国的经济发展战略与地区收入差距》，《经济研究》2003 年第 3 期。

路甬祥、牛文元：《21 世纪中国面临的 12 大挑战》，世界知识出版社，2001。

马玉娜、顾佳峰：《县际公共养老福利资源配置研究——兼论空间与制度结构的影响》，《社会学研究》2015 年第 3 期。

彭国华：《中国地区收入差距、全要素生产率及其收敛分析》，《经济研究》2005 年第 9 期。

吴正俊：《从库兹涅茨"倒 U 曲线"看我国居民收入差距走向》，《理论探讨》2007 年第 1 期。

UNDP（中国）：《2013 中国人类发展报告——可持续与宜居城市：迈向生态文明》，UNDP，2013。

谢宇，胡婧炜，张春泥：《中国家庭追踪调查：理念与实践》，《社会》2014 年第 2 期。

中央编译局：《马克思恩格斯文集》第 1 卷，人民出版社，2009。

英文文献

A. Barba, M. Pivetti, "Rising Household Debt: Its Causes and Macroeconomic Implications—A Long – period Analysis," *Cambridge Journal of Economics* 33 (2009).

A. Rahman, "Micro – credit Initiatives for Equitable and Sustainable Development: Who Pays?" *World Development* 27 (1999).

A. Wagstaff, V. D. Eddy, "Income Inequality and Health: What does the Literature Tell Us?" *Annual Review of Public Health* 21 (2000).

Amartya Sen, *On Economic Inequality* (Oxford : Clarendon Press, 1973).

Axford Barrie, *The Global System : Economics , Politics and Culture* (St. Martin's Press, 1995).

C. Sandra, B. R. Tomás, and H. Donald, "Procedures and Criteria to Develop and Evaluate Household Sustainable Consumption Indicators," *Journal of Cleaner Production* 27 (2012).

D. Johnson, and T. Smeeding, *Measuring the Trends in Inequality of Individuals and Families: Income and Consumption* (Bureau of Labor

Statistics, 1998).

D. Krueger, and F. Perri, "Does Income Inequality Lead to Consumption Inequality? Evidence and Theory," *The Review of Economic Studies* 73 (2006).

D. S. Jeffrey, "From Millennium Development Goals to Sustainable Development Goals," *The Lancet* 379 (2012).

Dilip K. Das, "Repositioning the Chinese Economy on the Global Economic Stage," *International Review of Economics* 55 (2008).

Douglass North, *Understanding the Process of Economic Change* (Princeton University Press, 2005).

Frank A. Cowell, *Measuring Inequality* (Prentice – Hall/Harvester – Wheatsheaf, 1995).

Gary Stanley Becker, *A Treatise on the Family* (Harvard University Press, 1993).

J. Lu, "Employment Discrimination in China: The Current Situation and Principle Challenges," *Hamline Law Review* 32 (2009).

J. Susan, "From Microfinance to Inclusive Financial Markets: The Challenge of Social Regulation," *Oxford Development Studies* 41 (2013).

J. D. Von Pischke, D. Adams, and G. Donald, *Rural Financial Markets in Developing Countries: Their Use and Abuse* (Baltimore, MD: John Hopkins University Press, 1983).

Jiafeng Gu, "Harmonious Expansion of China's Higher Education: A New Growth Pattern," *Higher Education* 63 (2012).

Joseph Eugene Stiglitz, *The Price of Inequality: How Today's Di-*

vided Society Endangers Our Future (W. W. Norton & Company, 2013) .

Joshua Cooper Ramo, *The Beijing Consensus* (London Foreign Policy Centre, 2004) .

K. Rasler, W. R. Thompson, "Globalization and North – South Inequality, 1870 – 2000: A Factor for Convergence, Divergence or Both?" *International Journal of Comparative Sociology* 50 (2009) .

Lisa A. Keister, *Wealth in America: Trends in Wealth Inequality* (New York: Cambridge University Press, 2000) .

M. B. James, A. M. Richard, *Public Finance and Public Choice: Two Contrasting Visions of the State* (MIT Press, 1999) .

M. Darrel, "Global Inequality and Injustice," *Journal of International Development* 21 (2009) .

M. Robinson, *The Microfinance Revolution: Sustainable Finance for the Poor* (Washington, DC: WorldBank/New York: Open Society Institute, 2001) .

Mara Hvistendahl, "Survey to Reveal True Face of Chinese Society," *Science* 328 (2010) .

Martin Whyte, *Myth of the Social Volcano: Perceptions of Inequality and Distributive Injustice in Contemporary China* (Stanford University Press, 2010) .

O. Shenkar, *The Chinese Century: The Rising Chinese Economy and Its Impact on the Global Economy, the Balance of Power, and Your Job* (Wharton School Publishing, 2005) .

R. Barro, and X. Sala – i – Martin, "Convergence Across States and Regions," *Brookings Papers on Economic Activity* 22 (1991).

R. Barro, and X. Sala – i – Martin, "Convergence," *Journal of Political Economy* 100 (1992).

Scott Kennedy, "The Myth of the Beijing Consensus," *Journal of Contemporary China* 19 (2010).

V. Peragine, F. Palmisano, P. Brunori, "Economic Growth and Equality of Opportunity," *World Bank Economic Review* 28 (2014).

Ved P. Nanda, "Journey from the Millennium Development Goals to the Sustainable Development Goals," *Denver Journal of International Law and Policy* 44 (2015).

W. Chi, B. Li, "Trends in China's Gender Employment and Pay Gap: Estimating Gender Pay Gaps with Employment Selection," *Journal of Comparative Economics* 42 (2014).

World Bank, *An East Asian Renaissance: Ideas for Economic Growth* (The World Bank Press, 2006).

World Bank, *Equity and Development* (Washington, DC: World Bank/New York: and Oxford University Press , 2006).

World Bank, *Finance for All? Policies and Pitfalls in Expanding Access* (Washington, DC: World Bank, 2008).

World Bank, *Robust Recovery, Rising Risks, World Bank East Asia and Pacific Economic Update 2010* (The World Bank Press, 2006).

World Bank, *World Development Report: Attacking Poverty* (Washington, DC: World Bank, 2000).

X. Zhang, R. Kanbur, "Spatial Inequality in Education and Health Care in China," *China Economic Review* 16 (2005).

Xie Yu, Zhou Xiang, "Income Inequality in Today's China," *Proceeding of the National Academy of Sciences of United States of America* 111 (2014).

Y. Lu, N. Nakicenovic, M. Visbeck, and A. S. Stevance, "Five Priorities for the UN Sustainable Development Goals," *Nature* 520 (2015).

索　引

图书在版编目（CIP）数据

减少不平等与可持续发展／顾佳峰著. -- 北京：
社会科学文献出版社，2016.8
（2030 年可持续发展议程研究书系）
ISBN 978 - 7 - 5097 - 9661 - 0

Ⅰ.①减…　Ⅱ.①顾…　Ⅲ.①公平分配 - 关系 - 经济
可持续发展 - 研究 - 中国　Ⅳ.①F126.2②F124

中国版本图书馆 CIP 数据核字（2016）第 205367 号

· 2030 年可持续发展议程研究书系 ·

减少不平等与可持续发展

著　　者／顾佳峰

出 版 人／谢寿光
项目统筹／恽　薇　陈凤玲
责任编辑／陈凤玲　田　康

出　　版／社会科学文献出版社·经济与管理出版分社 (010)59367226
　　　　　　地址：北京市北三环中路甲 29 号院华龙大厦　邮编：100029
　　　　　　网址：www. ssap. com. cn
发　　行／市场营销中心（010）59367081　59367018
印　　装／北京季蜂印刷有限公司

规　　格／开　本：787mm×1092mm　1/16
　　　　　　印　张：12.5　字　数：145 千字
版　　次／2016 年 8 月第 1 版　2016 年 8 月第 1 次印刷
书　　号／ISBN 978 - 7 - 5097 - 9661 - 0
定　　价／68.00 元

本书如有印装质量问题，请与读者服务中心（010 - 59367028）联系

▲ 版权所有 翻印必究